情到深处人孤独

纳兰容若词传

慕容素衣　〔著〕

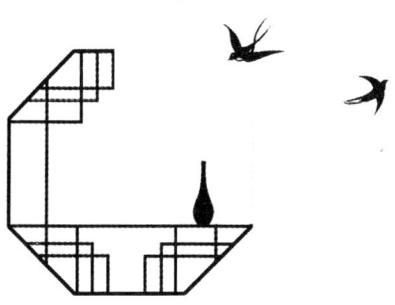

中国友谊出版公司

图书在版编目（CIP）数据

情到深处人孤独：纳兰容若词传 / 慕容素衣著 . —北京：中国友谊出版公司，2019.5

ISBN 978-7-5057-4711-1

Ⅰ . ①情… Ⅱ . ①慕… Ⅲ . ①纳兰性德（1654-1685）—传记②纳兰性德（1654-1685）—词（文学）—诗歌欣赏 Ⅳ . ① K825.6 ② I207.23

中国版本图书馆 CIP 数据核字（2019）第 069726 号

书名	情到深处人孤独：纳兰容若词传
作者	慕容素衣
出版	中国友谊出版公司
发行	中国友谊出版公司
经销	新华书店
印刷	河北鹏润印刷有限公司
规格	787×1092 毫米　32 开 9 印张　200 千字
版次	2019 年 6 月第 1 版
印次	2019 年 6 月第 1 次印刷
书号	ISBN 978-7-5057-4711-1
定价	45.00 元
地址	北京市朝阳区西坝河南里 17 号楼
邮编	100028
电话	（010）64678009

如发现图书质量问题，可联系调换。质量投诉电话：010-82069336

目 录

第一卷　身世：我是人间惆怅客 // 001
　　降生：不是人间富贵花 // 002
　　世上最美的名字 // 008
　　父与子：入世与出世 // 014
　　早慧：短衣射虎，倚马挥毫 // 020
　　李煜·晏几道·纳兰容若 // 027

第二卷　初恋：回廊一寸相思地 // 033
　　初见：蓦地一相逢，心事眼波难定 // 034
　　密会：梨花院落，回廊影里 // 041
　　入宫：自惜寻春来较晚 // 048
　　重逢：一次任性的冒险 // 056
　　良妃？惠妃？还是林妹妹的原型？// 061

第三卷　科举：万春园里误春期 // 067

国子监的十七岁 // 068

吾幸得师也：勿欺 // 074

万春园里误春期 // 081

通志堂：才子的另一面 // 088

渌水亭的遐想 // 094

朱彝尊：滔滔天下，知己是谁 // 101

少年意气：横戈跃马今何时 // 108

第四卷　结缡：一生一代一双人 // 113

相见欢：相看好处却无言 // 114

蝶恋花：偏是玉人怜雪藕 // 120

鹊桥仙：金钗钿盒当时赠 // 128

嗟彼小星，寔命不犹 // 135

第五卷　知交：青眼高歌俱未老 // 139

顾贞观：知我者，梁汾耳 // 140

绝塞生还吴季子 // 150

公子和他的"十二金钗" // 159

第六卷　悼亡：当时只道是寻常 // 167

伤逝：一宵冷雨葬名花 // 168

守灵：有发未全僧 // 176

悼亡：不辞冰雪为卿热 // 185

第七卷　仕宦：人生何事缁尘老 // 195
　　侍卫生涯：惴惴有临履之忧 // 196
　　欢聚：人生别易会常难 // 203
　　续弦：一种蛾眉，下弦不似初弦好 // 213
　　归来：谁遣偏生明慧 // 218
　　觇梭龙：风一更，雪一更 // 225

第八卷　沈宛：西风多少恨，吹不散眉弯 // 231
　　江南好 // 232
　　天海风涛之人 // 241
　　向名花美酒拼沉醉 // 247

第九卷　诀别：人生若只如初见 // 255
　　泪雨零铃终不怨 // 256
　　质本洁来还洁去 // 263

尾　声　纳兰身后事 // 271
附　录　纳兰容若简明年谱 // 275

第一卷 身世：我是人间惆怅客

降生：不是人间富贵花

如果你问现代的京城人，北京什么时候最美？

他们多半会回答：下雪的时候。

尽管北京如今已经是一座现代化气息极浓的都市，可只要下一场雪，时光便会瞬间穿越回到明清，让人重温旧时帝京的古典韵味。人们总是说，一下雪，就让北京变成了北平，故宫变成了紫禁城。因为雪会淹没现代的风尘，抹去时间的痕迹，让这座古城露出它最沉静的样子。

只可惜，如今在北京看到一场雪已经成为一件稀罕的事，在过去的一年里，它甚至度过了一个无雪之冬。

从前不是这样的，从前的北京，冬天比现在要冷得多，天比现在要蓝得多，雪也比现在要大得多。

北京曾经是一座"雪国"，有诗为证：燕山雪花大如席，片片吹落轩辕台。这是唐朝诗人李白经过幽州（北京古名之一）一带时，写下的诗句。不要怪诗人太夸张，毕竟他来自蜀地，幽州的雪大得足以让他惊叹。雪花大如席，只可能出现在北方。

明清时，有关北京天降大雪的记载更多了。从气象学来说，此时的中国进入了第四个寒冷期，万历年间曾调动军队清除紫禁城积雪；康熙、顺治年间也时不时发生连降数十天的大雪。

顺治十一年腊月十二日（1655年1月19日），那一天也照常下着雪，如果说有什么不同的话，那天的雪似乎下得格外缠绵。大雪纷纷扬扬地下着，将天地装点成一个琉璃世界。整个北京城像是睡着了，人们冻得不愿意出门，连鸟雀也停止了喧闹，没有人愿意惊扰一座城市的梦。

一片雪花怯怯地从天空飘落，又怯怯地飘进了一户庭院。当雪花飘进院的那一瞬间，院子里响起了一声婴啼，惊醒了沉睡中的北京城。

明珠府的第一位公子诞生了，日后他将被人们称为纳兰容若。

可那时，他还只是一个被父母称为"冬郎"的孩子，因为他是在冬天最寒冷的时节出生的。

一个人的出生日期和他的性格、命运之间冥冥中有着千丝万缕的联系，有研究证明，不同季节出生的孩子，在他们长大成人后也呈现出不同的面目。春季出生的人体格往往更为强壮，他们就像春天的植物一样，尽情享受着春雨的滋润。夏季出生的人更快乐，因为他们是沐浴着一年中最灿烂的阳光来到这个世界的。秋季出生的人成功避开了最冷和最热的季节，也能接触到较多的阳光，所以他们往往更长寿。而出生在冬季的人，则可能生活在冬日的阴霾之下，因为冬季出生的人接受日照少，生物钟变慢，人的健康和个性都大受影响。

当然，这只是一种粗略的统计，但至少从一同出生于顺治十一年（1654）的两个孩子的性格来看，这种说法并非完全没有依据。

就在容若诞生那一年的春天，一个名叫玄烨的孩子早他几个月来到了世间。很少有人注意到，如果按照农历年的算法，康熙和容若是同龄人，而且从血缘来看，他们是一对远房表兄弟。如果将这对表兄弟放在一起看，会形成有趣的对照：他们一个出生在春天，一个出生在冬天。一个积极入世，一个消极厌世。一个具有钢铁般粗硬的神经，一个则神经过于纤细。一个向外开拓了自己的大清帝国，擒鳌拜、平三藩、收台湾、征噶尔丹，终于成为名垂青史的千古一帝一个则向内建立了自己的诗词王国，在那个国度里，他就是自己的王者。

不必去评判哪种活法更好，每个人都只能走他自己的路。生于隆冬时节的容若，似乎从一出生，就染上了冬天的清冷，伴随着他来到这个世界的不是阳光，而是大雪。这仿佛是一个预兆，预兆着他未来的生命将很难感受到阳光带来的温暖。

在冬天出生的容若，生来就是多愁多病之身。不知道是多病造成了他的多愁，还是多愁加重了他的多病，抑或是两者互相影响，总之，"愁"和"病"像是他与生俱来的影子，从他一出生就陪伴着他。

按照古老的占星学的说法，容若出生于公历1655年1月19日，恰好属于摩羯座。摩羯属于土象星座，幸运星是土星。同为摩羯座的苏珊·桑塔格写过一篇《在土星的标志下》，形容本雅明、卡夫卡之类的艺术家都具有土星气质。何谓"土星气质"？说到底就是关于"忧郁者"的另一种艺术性的说法。

在桑塔格的笔下，土星气质源自"根本上的孤独"，并且是"将世界拖进其旋涡中心的孤独"。土星气质是适合艺术家和殉难者的气质,艺术家和殉难者追求"失败的纯洁和美丽"。具有土星气质的人往往是忧郁的艺术家,在忧郁的人眼里,世界会变成同一样东西:避难所、诱惑、安慰。

"我在土星的标志下来到这个世界——土星运行最慢,是一颗充满迂回曲折、耽搁停留的行星……"本雅明的这段自我标签,一样可以贴在容若的身上。在中国的诗人里面,可以找到许多土星气质浓厚的人,如李商隐、李清照、孟郊、贾岛等,可和他们相比,容若是最忧郁的那一个。凡是见过他的人,都惊异于这位世家公子居然如此郁郁寡欢。

这只能解释为天性。天性忧郁的人,只要遇上一点点苦痛的火种,就足以将所有的快乐都烧成灰烬。

多数人的忧郁,都源自不快乐的童年。容若是个例外,他是在万千宠爱中长大的。作为明珠和觉罗氏的第一个孩子,他独享了父母二十年的关爱。

当容若还是一个孩子的时候,他和所有的孩子一样,对自己是如何来到这个世界上的问题特别好奇。他看古书时发现,那些天赋异禀的人出生时,都会有异象,有的是满室红光,有的是明月入怀,有的是夜吞北斗,有的是梦熊入室。

他忍不住去问母亲:"您生我的时候,有没有什么吉兆呀?"

觉罗氏有些摸不着头脑:"什么吉兆?"

容若试着启发母亲:"比如您怀我时,有梦见一口吞了天上的北斗七星吗?"

觉罗氏笑着摇头:"没有。傻孩子,星星怎么可以吃呢?"

容若继续启发母亲:"那您生我的时候,有没有看见满室红光?"

觉罗氏还是摇头:"没有啊,当时连太阳都没出,哪来的红光。"

容若又问:"那有没有听见什么奇妙的音乐之类的?"

"没有啊。"觉罗氏瞥见孩子眼里期待的神色,忙改口说,"也许有吧,可我当时太痛了,即便有,也没注意听。"

容若不甘心地问了最后一句:"您再仔细想想,生我的时候,就没有发生一点特别的事情吗?"

觉罗氏想了又想,还是没有想出任何特别的事来,只是她不忍心让孩子失望,只好哄他说:"我想起来了,生你的那天,雪下得特别大,听老一辈的人说,自我大清入关以来,很少能够在京城看到这么大的雪。生你的时候,一掀门帘,那雪就成片地飘了进来……"

母亲的回答让容若有些失望。天降大雪,也太平常了,这算吉兆吗?还是其中别有寓意?

怀着这样的疑问,他走到了院子里,天正下着雪,他忽地伸出手来,一片雪花落在他的手上,带着些微的凉意,他正想凝神细看时,它已经融化在他的掌心了。然后又一片落了下来,很快又融化了。

容若的心中忽然涌起了一种奇异的感觉:莫非我就是由这天上的雪花所化?他抬起头,望着天上飘落的雪花,头一次发现它们居然如此美丽,那么轻盈,那么洁白,比飞絮还要轻,比琼玉还要白。

做一片雪花也挺好的,至少不会被世上的尘土污染。有了这样的想法,容若终于一扫失望之情,瞬间变得开心起来了。

很多年以后，当他随康熙到塞外出巡，见到漫天飞舞的白雪时，儿时的那种感觉又一次涌上心头，他再一次感到：也许我就是由这雪花所化吧。

为此，他写下了一首咏雪花的词：

> 非关癖爱轻模样，冷处偏佳。别有根芽，不是人间富贵花。谢娘别后谁能惜，飘泊天涯。寒月悲笳，万里西风瀚海沙。
> ——《采桑子·塞上咏雪花》

这时的他，已经长大成人，不再是懵懂孩童了。很多事情都变了，他的心境当然也变了，唯有对雪的偏爱一如既往。

经历了那么多变迁的他，对天上的雪有了更深一层的认识。他喜欢雪，不在于它轻盈的形态，而在于它的清冷耐寒。世人都偏爱牡丹、芍药这样的人间富贵花，他偏偏要歌颂那别有根芽、来自天外的雪花。

咏的是雪花，说的又何尝不是他自己呢？他就和这雪花一样，玲珑剔透，纤尘不染，对于这万丈红尘来说，只不过是个暂时停留的天外来客罢了。

他不是咏雪的第一个人，却是以雪花自比的第一个词人。有了这首《塞上咏雪花》之后，雪花就成了他的图腾，就像菊花是陶渊明的图腾，梅花是林逋的图腾一样。

只可惜，雪花虽美，在世上停留的时间却太短了，如同容若的一生。

世上最美的名字

不是人间富贵花,却生在人间富贵家。

容若出身于一个显赫的家族,他是满洲正黄旗人,是血统纯正的贵族子弟。

从父系来看,其始祖来自蒙古,本姓土默特,名星恳达尔汉。明朝初年,这个来自草原的部落灭了呼伦河流域的女真族纳兰部落,占了纳兰部的领土,于是改姓纳兰。后来他们逐渐强大后,改迁至东北的叶赫河岸,号称"叶赫国"。现在我们终于明白了,纳兰其实就是那拉的另一种音译,容若的先祖,正是赫赫有名的叶赫那拉氏。在女真语里,那拉是"太阳"的意思,叶赫那拉,意即"叶赫河边的太阳"。

从母系来看,更加了不得。史书中记载,容若的母亲姓觉罗氏,也就是清朝最显贵的家族爱新觉罗氏,努尔哈赤的后代。爱新觉罗,在满语中就是像金子一样高贵的觉罗族。

爱新觉罗氏和叶赫那拉氏属于"相爱相杀"的两大家族,既是世仇,也是姻亲。明朝时满洲逐渐崛起,以三大部落势力最强,分别是海西女真、建州女真和野人女真。叶赫部正是海西女真的盟主,努尔哈赤则是建州女真最杰出的领袖。

任何部落的发展都是从分裂逐渐走向统一的，代价则是战争与征服。当努尔哈赤试图称雄时，一场面向叶赫部的杀戮在所难免。林海雪原间两个最强大的部落不得不挥戈相向，在公元1593年的正面对决中，努尔哈赤指挥自若，将以叶赫部为首的海西女真打得落花流水。叶赫国东西两城俱破，首领金台什在城破之前含恨自焚，这位失败而不屈的英雄，正是明珠的祖父、容若的曾祖。

据说，叶赫部的贝勒布扬古投降后被努尔哈赤处死，临死前愤愤不平地诅咒说："我叶赫部的子孙就算只剩下一个女子，也一定要覆灭满洲。"三百多年后，叶赫那拉氏果然出了一个本领通天的女子，统治清朝长达数十年，也一手葬送了努尔哈赤打下的江山，她就是大家都很熟悉的慈禧太后，这是后话了。

当时，努尔哈赤为了更好地驾驭海西女真，并没有乘机将叶赫部一网打尽，反而迎娶了金台什的妹妹孟古格格。孟古后来生下了皇太极，正是他建立了大清国，史称清太宗。皇太极事母至孝，对母亲一系的族人也颇为优待。叶赫那拉一族的地位不断提升，到了顺治年间，已经位列满洲八大家族之一，其子女与皇室频频通婚，地位已尊崇无比。

容若的父亲明珠，是金台什儿子尼雅哈的次子，娶了阿济格的女儿觉罗氏为妻。阿济格，正是努尔哈赤的第十二子，也是多尔衮的哥哥。如此算来，觉罗氏和顺治一样都是努尔哈赤的孙辈，他们生下的孩子——容若和康熙，从血缘上来看，是一对表兄弟。

可见到了容若出生时，祖辈的血海深仇早已深埋，可敏感如他，并没有遗忘那段血与火交织的残酷历史。他出巡关外时，曾特意赴祖先的经营地凭吊，在那里写下了一首感叹兴亡的《满庭芳》，

下阕是这样写的:

> 须知古今事,棋枰胜负,翻覆如斯。叹纷纷蛮触,回首成非。剩得几行青史,斜阳下,断碣残碑。年华共,混同江水,流去几时回。

词中提到的混同江也就是今天的松花江,叶赫部的人曾在这里繁衍生息,却在兼并的厮杀中险遭灭族。那滚滚流动的江水之中,曾混合了多少祖先流下的血泪。

纳兰,这个尊贵的姓氏,予以容若的,不仅是无上的荣光,还有不能触碰的隐恨。祖先的遭遇提醒着他,兴亡成败,无非是一翻一覆之间的事,他们这一族的命运,始终仰仗于更为强大的爱新觉罗氏。

爱新觉罗家族的确强大,这种强大不仅表现在武力上,更表现在智力上。古代的汉人一贯轻视少数民族,将他们视为未开化的"蛮族",而汉人自身则以文化人自居。漫长的历史证明,每次只要"蛮族"一入侵,汉文化就会遭受一次惨无人道的蹂躏。

汉人们一定还记得,当金人的铁蹄踏进大宋都城汴京时,这座当时世界上最繁华美丽的城市顷刻间化为修罗场,金人们戏称这次征伐为"南狩",而他们狩猎的对象,就是大宋的皇族和子民。在烧杀掳掠之后,他们还将宋室美丽的后妃们带回金国享用。

南宋末年,蒙古人的入侵更是险些对汉文化造成灭顶之灾。元朝一度废除了科举,后来虽然恢复了却也形同虚设,九十多年间只举行了十六次科举,将蒙语定为官方语言,汉人几乎得不到仕进的机会。元朝的统治者从骨子里并不接受汉文化,他们只是把中国看成自己的附属国,后来一看风声不对就赶紧撤回到漠北的老巢。

满人不一样,他们最大的特色就是善于融合。从他们的兼并史就可以看出,不管是土默特占领那拉族,还是努尔哈赤灭叶赫部,都是从征服开始,以融合结束,或者说征服只是手段,融合才是目的。他们早就意识到,战争只能取得一时之胜,要想巩固统治,还是得靠融合。

所以自清人入关以来,尽管也有过"扬州十日""嘉定三屠"之类的血腥暴行,但很快就向怀柔、融合的路线转化了。对于汉文化,多数满人怀有真正的亲近之心,他们尊崇儒家文化,喜爱汉人的诗书。相传努尔哈赤最爱读的书就是《三国演义》,他把这部小说当成了兵法圣书,不仅自己读,还推荐给子孙们读。从康熙到乾隆,都对汉文化倾慕不已。清朝的皇帝一个个饱读诗书,多才多艺,从对汉文化的精通程度来看,他们堪与宋朝的皇帝相媲美。

从白山黑水到入主中原,满人也实现了从野蛮到文明的蜕变。到容若诞生时,满人的汉化程度已经极深,这从他的名字就可以窥见一斑。

早期的满族人给孩子取名,还保留着游牧民族的"原生态"和随意性,他们喜欢用动物、数字、排行等来称呼孩子。如"努尔哈赤"在满语中的意思就是"野猪皮",可能他的父母希望他能像野猪皮一样坚韧。多尔衮的意思是"獾",名将楞格里名字的意思是"硕鼠"。他们还喜欢直接用数字来取名,如著名的美人乌云珠，满语含义其实是"九十"。幸好这些名字都是音译，若直接意译过来，估计会引得汉人们好一顿嗤笑，让英雄、美人们为之蒙羞。

明珠父子，取名就是汉化的典型。当长子降生后，初为人父的明珠欣喜若狂，想为孩子取一个与众不同的名字。他翻遍了典籍，终于选定了"成德"这两个字，语出《易经》。

纳兰成德。这才是本书主人公的大名。

当他还在牙牙学语时，父亲明珠就开始给他讲解名字背后的含义："你的名字是成德，君子以成德为行，日可见之行也。"

这句话的意思是，君子的行为是以完成品德修养为目的的，具体表现在每天的行为举止上。

小小年纪的他，对这句话还似懂非懂，不大明白父亲所说的含义，但他很早就读懂了父亲对他的期待，他知道，父亲希望他能成为一名君子。

也许名字是人的一生最初的谶语，里面隐含着一个人最终的命运。父亲明珠，如他的名字所形容的那样，终于成为康熙一朝最闪耀的明珠。儿子成德，也如他的名字所寓意的那样，成了一名笃诚君子。"谦谦君子，其温如玉"，没有人比他更适合这八个字。

在他二十岁那年，也就是康熙十四年（1675），皇子保成被立为太子，为避太子的名讳，成德改名为性德。"纳兰性德"这个名字只用了一年就改回来了，因为太子很快改名为胤礽，也就不需要再避讳了。

容若，其实是他成年后给自己取的字。这又是汉人的风俗了。

他倾慕的那些汉人，除了姓名之外，还会给自己取字，比如李白字太白，王维字摩诘，苏轼字子瞻等。身为一名汉文化的仰慕者，当他给自己取字时，选用了"容若"二字。

他的灵感，可能来自《楚辞》，在湘江沅水之畔，生长着一种叫"杜若"的植物，香气浓郁，屈原写下过这样的诗句，"山中人兮芳杜若"。出生于北方的纳兰，一直神往南方，也许是他喜爱这种素未谋面的馥郁芳草，才以它为自己命名的吧。

在给朋友们的信里，他常常效法汉人的称谓，称自己为"容若"，有时还以"成"为姓，署名"成容若"。他可能是第一个给自己取汉名的满洲贵族了。后来这一风气被人争相模仿，同样是满族的女词人西林春，也给自己取了个汉人名字，叫"顾太清"。

"男中成容若，女中顾太清"，正是有清一代最有名的两位男女词人。有趣的是，他们都是不折不扣的满族人。

后世的读者则习惯称成德为"纳兰容若"，当容若之名，冠以纳兰之姓，一个美得不可方物的名字就诞生了。纳兰和容若的组合是如此神奇，一加一的效果远远大于二，如果去掉其中任何一项，或者是以"那拉"来代替"纳兰"，以"成德"来代替"容若"，都会让这个名字的动人程度大打折扣。

尽管容若在世时，从未在书信中称自己为"纳兰容若"，但实在不必再去纠正那些称呼他为"纳兰容若"的人，更不必耻笑他们。他们只是不由自主地陶醉在这个名字营造的美感之中。

而美，是容若和他的追随者所共同信奉的宗教。

父与子：入世与出世

关于容若的父母，在众多关于他的传记里，大多都是强调他们之间的对立。仿佛从一出生，他就走上了一条和父母截然不同的路。

果真如此吗？

事实上，父母往往是孩子模仿的第一个对象，哪怕是最叛逆的孩子，他们最初对父母也是亦步亦趋的。

就容若的成长来说，绝对不能低估父母对他的影响。当人们将他看成一个乌衣门第的叛逆者时，常常忽略了门第和家庭在他身上打下的深深烙印。

容若出生时，明珠只有二十岁，仅仅是一名微不足道的大内侍卫。明珠的仕途生涯，是从有了这个孩子之后才迅速腾飞的。男人总是在做了父亲之后才骤然成熟起来，也许是儿子的降生激发了明珠奋斗的欲望，他想保护这个看上去有些娇弱的孩子，给他铺一条更好走的路。

作为纳兰家的次子，明珠没有继承爵位的权利，他只能靠自己去打拼。混迹官场，若想往上爬的话，要么有过人的背景，要么有过人的本事。明珠依靠的显然是后者，他是一名精明的政客，有像鹰一样敏锐的双眼，善于揣摩人心，这让他在每次纷争中都能站对队伍。

来看看他的升迁轨迹：

康熙初年（1662），由侍卫升内务府郎中；

康熙三年（1664），被提拔为内务府总管；

康熙五年（1666），任弘文院学士，开始参与国政；

康熙七年（1668），奉命调查淮扬水患，提出修复凿口并引流的建议，升任为刑部尚书；

康熙九年（1670），加封都察院左都御史，担任经筵讲官；

康熙十一年（1672），迁兵部尚书；

康熙十四年（1675），调任吏部尚书；

康熙十六年（1677），升任武英殿大学士，累加太子太师；

……

清朝沿袭明朝官制，不设宰相，在雍正设军机处之前，实际掌权的就是大学士，民间习惯把大学士称为宰相。明珠入内阁达十三年之久，可谓权倾朝野，被所有人尊称为"明相"。

作为康熙朝最重要的臣子，明珠之所以得到如此重用，不仅是因为他精明能干，更是因为他对康熙的支持。他本来是由索额图引荐入官场的，索额图仗着侄女赫舍里是皇后，日益骄横，康熙看出明珠是一个可造之才，是以大力提拔他，用来牵制索额图。

明珠果然不负厚望，一举扳倒了索额图。后来在撤三藩、收台湾、战沙俄等大事中，明珠总是坚定地支持康熙的决策，这更加推进了他的飞黄腾达。这对君臣的想法总是如此一致，以至于不能简单地用善于揣摩皇上心意来概括。康熙和明珠，可能本质上都是最剽悍的旗人，骨子里流淌着强悍的血液，这样的人，容不得他人在卧榻之旁酣睡，自然要扫除一切阻挡旗人兴盛的力量。他们能够同心协力，并不奇怪。

身为一代权相，明珠当然也有结党营私的一面，可这并不能掩盖他在康熙朝做出的贡献。就像身为一个父亲，明珠也有他专制霸道的一面，可这并不能抹杀他对儿子的保护和关爱。

从小小的低等侍卫到武英殿大学士，外人只看得到表面上的光鲜，至于光鲜之下的辛酸，只有明珠自己知道。他是个吃过苦的人，唯一欣慰的是，如今已苦尽甘来，他吃过的苦头，不必让儿子再尝一遍。

容若的母亲觉罗氏，几乎找不到她的资料，唯一一条关于她的记载来自《啸亭杂录》，记载了一个近乎血腥的故事：

觉罗氏生性好妒，平常不允许明珠和府中的丫鬟们交谈。一天，明珠无意中说起，府中某位丫鬟的眼睛生得很俊。第二天早晨，觉罗氏打发使女将一个盒子交给明珠，他打开一看，里面装着的是一对血淋淋的眼珠，而这对眼珠，正是他夸过的那个丫鬟的。

如果这个故事是真的，觉罗氏的手段未免太残忍了。只因为丈夫无心的一句夸奖，就将丫鬟的眼珠挖了出来，实在太耸人听闻了。

不过，透过耸人听闻的表象，能够察觉到，她一定深爱着她的夫君，这份爱已经深到了绝不容许他人染指的地步。

爱新觉罗一脉，历来盛产多情种。努尔哈赤虽然和叶赫部不共戴天，却对妻子孟古格格情深义重。皇太极在宸妃海兰珠去世后，由于伤心过度，很快就追随她而去了。顺治皇帝更是堪称清朝第一情种，民间传说他在深爱的董鄂妃去世后，抛下江山去五台山出家，即便传说是假的，那份深情却毋庸置疑。

和妻子的咄咄逼人相比，明珠显得要温柔得多。见过明珠的人，都惊异于他的外表看上去一点都不像个铁腕人物，"柔颜甘语"是人们对他的一致印象。可以说，容若继承了父亲的温柔和母亲的深情，只不过，他的温柔是刻在骨子里的，而不是流于表面；他的深情伤害的只是他自己，而不是别人。

每对父母都想将自己最好的一面呈现给孩子，明珠和觉罗氏也不例外。容若是他们的第一个孩子，说他是衔着金匙出生的都不过分，他一出生，享受到的就是最好的一切：锦衣玉食的家境，成群的奴婢，良好的教育，最丰盛的爱，以及最优越的物质条件。

我固执地相信，容若一定是在充满爱的环境中长大的。一个人爱的能力是从童年时开始建立的，小时候没有被好好爱过的人，长大后内心一直有个黑洞，对于爱只知道一味地吞噬，不知道如何付出。从容若成年后的表现来看，他的童年显然没有缺过爱，关于如何爱人这门艺术，他比谁都懂得，对于他爱着的那些人，他总是无条件地信任，全身心地付出。这种信任感，一定是在他很小的时候就已经确立的。

一直被世界温柔善待的人，更容易温柔地对待他人。

明珠与觉罗氏，联手为他们的孩子搭建了一间爱的温室。我们的纳兰公子，当他来到这个世界时，闻到的都是脂香粉气，听到的都是温言软语，见到的都是翠鬟云鬓。在他幼小的心灵里，接触到的事物都是那么美好，人与人之间的关系也是那么温暖。

在温室中长大的容若，不知道世间有那么多的尔虞我诈，也不知道一个人居然可以满口谎言。

如果灵魂有颜色的话,容若的灵魂一定是纯白色的,纯粹得一尘不染。而身为他的父母,明珠夫妻的灵魂则染上了不同的杂质。从他们的性格来看,明珠的灵魂是蓝色的,圆滑、聪明而富有交际手腕;觉罗氏的灵魂则是红色的,敢爱、敢恨,略带强势。拥有蓝色灵魂的父亲和拥有红色灵魂的母亲,居然生出一个纯白色灵魂的儿子来,造物主可能出现了某种偏差,以至于造成了这种变异。

变异的原因之一,也许是明珠对儿子保护得过度了。他在官场上摸爬滚打,吃了多少苦,受了多少气,遭遇过多少白眼和冷脸。幸运的是,作为他的儿子,不必再吃苦,也不必看他人脸色,更不必去钩心斗角,步步为营。

容若生来就拥有常人艳羡的一切,可以施施然做他的贵公子,多少人奋斗一辈子,也达不到他的起点。朋友们无不折服于他的高洁出尘,说他虽然生长在豪门贵族,却低调朴素,向往的是隐逸山林。对比起来,他的父亲明珠,则是利欲熏心,极尽钻营。

他们总是假装看不到,明珠在容若的成长中起了多么不可或缺的作用:

没有明珠在官场上的钻营和升迁,容若就没有优越的生活条件;

正是因为明珠的极端功利,容若才能毫不功利地追求他的文学梦想;

有了明珠的入世,容若才有出世的基础。

热爱容若的人,形容他就像一个孩子,可他之所以能够做一个孩子,是因为有人替他承担了来自成人世界的风险和压力。

明珠最初在容若的生命中扮演的角色,也许只是一个对孩子过度宠溺的父亲,连他自己也不知道,在无意中,他居然守护了一颗难得的赤子之心。

这颗心至死也未受到污染。

早慧：短衣射虎，倚马挥毫

容若出身于满洲正黄旗，是一名典型的八旗子弟。如今说到八旗子弟，总是给人以闲散、懒惰的感觉，可满人在入关之初，对贵族子弟的要求极严，八旗子弟往往意味着能文能武、刚健阳光。

清朝皇室规定，皇子们满五岁后，就必须入上书房读书，五鼓打更，皇子们就得入上书房，不得延误，每日都得在老师的指导下诵读、写字、熟背诗文，艰苦的学习一直延续到未时（下午三点）。八岁登基的康熙，从五岁开始就好学不倦，除日常功课外，每晚还要秉烛读书，直至深夜，如此用功，是以帝王政治、圣贤心学、六经要旨，无不融会贯通。

满人和蒙古人一样，都是马背上的民族，是在马上得到天下的。除了读书外，贵族子弟们还有一项特殊的功课，那就是骑射。以皇子为例，他们在未时后，还得由侍卫教习武事，锻炼身体，直至薄暮方散，这样做是为了保持满族勇猛精进的尚武风格。康熙小时候曾跟随一个叫默尔根的侍卫学习骑马射箭，默尔根对他要求很严格，只要姿势、方法上有一点差错，就会直言不讳地指出，康熙晚年回忆起来，仍对默尔根感念不已。

上有所好，下必效之。皇帝都率先垂范，臣子们自然步步紧随。

清朝早期的满族大臣们大多才兼文武，容若的父亲明珠就是一个典型的例子。明珠曾任大内侍卫，后来也担任过兵部尚书，以善于练兵闻名。康熙十二年（1673），皇帝到南苑晾鹰台巡视八旗兵，明珠提前颁布教条训练士兵，等到检阅之日，康熙见队伍整齐庄严，不禁大赞明珠有练兵之能。此外，明珠精通汉、满语言文字，口才很好，史书称他"辩若悬河"。

明珠对于长子容若寄予了很高的期待，丝毫不敢放松对他的教育。容若小名冬郎，巧的是，唐朝的诗人韩偓小名也叫冬郎。韩偓和李商隐，被词学大师顾随称为唐朝的两大唯美诗人。不知道明珠为儿子取这个小名时，是只因为他是在冬天降生的，还是有意想让他成为像韩偓那样的才子。

两个冬郎之间相似的地方不少，最大的相似之处，就是他们都以早慧闻名。韩偓幼有诗名，在一次送别的宴席上，十岁的他即席赋诗，一挥而就，文笔老练得将在座的大人都比了下去。同座的李商隐对他的才华大为赞赏，专门写了一首诗来夸他：

十岁裁诗走马成，冷灰残烛动离情。
桐花万里丹山路，雏凤清于老凤声。

"雏凤清于老凤声"，这句话后来成了用于夸奖后辈们青出于蓝的经典名言，由此还有了一个专门的成语，叫作"雏凤声清"。

纳兰冬郎和韩冬郎一样，也是自幼聪慧机敏，而且文武双全。满人的子弟是在马背上长大的，汉人的孩子还在学走路时，他们已经一翻身上了马背。他们在马上纵横驰骋，自在得就像我们在平地上闲庭信步。努尔哈赤打江山时,将骑射当成"立国之本"。所谓"骑射",不是指骑在马上射箭,而是指骑马和射箭,也就是我们汉人所说的"弓马"。

容若和其他满族孩子一样,还在蹒跚学步时就已经学骑马了,可能是他生下来就有些不足,看上去有些孱弱,因此明珠越发重视他的骑猎。

容若没有让父亲失望,他也许不是马场上最健壮的那个孩子,却是最勤奋的。幼时的容若处处以父亲为榜样,在父亲的言传身教之下,他读书、骑射都很认真。很少有人注意到容若性格的这一面,他其实是一个做事相当认真的人,而这一点,在他少年时就已经有所表现。

聪敏加上勤奋,让容若成了京城里著名的神童,他几岁时就以善骑射闻名,箭术尤其高超。和他一起长大的朋友韩菼形容说,容若骑在马上挽弓射箭,往往弓作霹雳之声,箭能正中靶心。等他担任康熙的近身侍卫时,更是时时练习,箭术精湛到了百发百中的地步。看来,容若并不像人们想象中那样文弱,至少年少的时候,他还是一名能够骑马驰骋、短衣射虎的少年。

容若一生中至少有三分之一的时间是在马背上度过的,可在他现存的三百多首词作中,只有两首作品和骑猎有关:一首是他在塞外所写的"谁道阴山行路难,风毛雨血万人欢";另一首则是他在京城秋郊射猎时所作的《风流子》,词中写"算功名何许,此身博得,短衣射虎,沽酒西郊。便向夕阳影里,倚马挥毫",在他看来,倚马挥毫的快乐并不逊于短衣射虎,关于射猎的场面一闪而过,与之相比,他好像更加享受射猎之后的饮酒吟诗。

这正是他与生俱来的天性。记得看过梁宁的一篇文章，她提到，上天在造人的时候，会给人一种叫作"瘾"的嗜好，你唯有在满足这种嗜好时，才能体会到真正的快乐。每个人都无法抗拒这种瘾，因为每个人都无法抗拒最最真实的快乐。从这个角度来说，每个艺术家都是"瘾君子"，对艺术追求越深入的人，上瘾的程度就越深。

容若的瘾，显然不在骑猎上，也不在功名上，而在于诗词文学之中。他可以练就百发百中的箭术，可以将侍卫工作做得一丝不苟，可这些都无法带给他真正的快乐。那种迷醉的，令人无法抵挡的快乐只存在于文字之中。

最初，是父亲引领他接触文学的。明珠精通汉学，喜欢和汉族文人交往，家里长期供养着一批江南文士。明珠又酷爱风雅，藏书极丰，史载他好书画，所居之处，书籍无不罗列整齐，包装精美，满室满架，曾建有"穴砚斋""自怡园"等藏书楼，人们把他的书房比为"邺架"。邺架是形容他人藏书众多的美称，韩愈写过这样的诗句："邺侯家多书，插架三万轴。"

容若从小最常流连的一个地方，就是父亲的书房。如果没有其他杂事的话，他可以待在那里一整天都不出门。按出身来说，他是一名血统纯正的满人，奇怪的是，他对汉字没有任何隔膜之感。他还记得，第一次看到《花间集》时，那种如饮醇醪、如沐春风的微醺感。"世间居然有如此精美的文字！"私心里，他认为汉语是世上最美丽的语言，这点他不敢和任何人说，连想一想都有种轻微的负罪感，可他实在无法抗拒这种沉醉其中的诱惑。

从生物学上来说，他是个货真价实的满族人。可从文化上来说，他已经偏离了祖先们尚武的传统，偏离了白山黑水的血脉。

有时候我会想，也许容若前世就是个汉族人吧，不然为什么，他读起汉人写的书来，就像和故友相会，有种天生的亲近感。古人说，"书到今生读已迟"，在读书方面，容若展露了比骑猎更高的天分，才读了一两遍的书，就能够流利地背诵，写起文章来更是立笔即就，才思胜过饱学宿儒。

和韩冬郎一样，纳兰家的这位冬郎也是十岁时就才名远扬。他留存下来的第一首诗，就写于十岁。

那是康熙三年（1664），这一年的元宵节，出现了难得的月食，天上本应挂着一轮满月，却变成了蛾眉弯月。

当同龄的孩子还跟在大人后面懵懂地叫喊"天狗吃月亮啦！"时，我们十岁的纳兰公子抬头望着天上的异象，写就了一首七绝：

> 夹道香尘拥狭斜，金波无影暗千家。
> 姮娥应是羞分镜，故倩轻云掩素华。
>
> ——《上元月蚀》

诗写得中规中矩，后两句比前两句相对出彩。这个元宵之夜为何没有迎来满月的清辉呢？他想象着可能是月宫里的嫦娥仙子害羞了，不肯移开镜子露出容颜，还特意撕下一片轻薄的云彩，用来遮掩她的绝代风华。

不管是声律的运用、词汇的选择，还是比喻的设计，都显示出小冬郎作诗的老到。他已经深谙诗歌这门艺术的技巧，才十岁就能够出口成吟了。

同样写于这个月夜的还有一首词，题为《一斛珠·元夜月蚀》：

星毯映彻,一痕微褪梅梢雪。紫姑待话经年别,窃药心灰,慵把菱花揭。

踏歌才起清钲歇,扇纨仍似秋期洁。天公毕竟风流绝,教看蛾眉,特放些时缺。

在古时,人们对月食这种天文现象还不太了解,误以为是天狗贪吃月亮所致。听闻天狗最怕锣鼓、爆竹声,是以每逢月食,人们就会敲锣打鼓,驱赶天狗。

"踏歌才起清钲歇,扇纨仍似秋期洁",描写的正是这样的场景,天狗被赶走了,铜锣声也停了,人们跟着节拍踏起歌来,天上的月亮也渐渐恢复了元宵该有的皎洁。

最妙的还是末句的想象,对于这夜的月蚀,容若给出了一个绝妙的解释,他认为一定是上天风流绝顶,只为了看一眼月儿那弯弯的蛾眉,就特意制造出这一幕来。

可能是词风过于成熟,导致很多人都不相信这是容若十岁时所作,但细心的读者可能会辨别出,"窃药心灰,慵把菱花揭"和"姮娥应是羞分镜"用的是同一个比喻。同一个题材,同样的比喻,这首词显然比那首诗写得要生动得多。从这首小词里,已经略微可以窥到纳兰独有的词风,"天公毕竟风流绝,教看蛾眉,特放些时缺",这样的奇思妙想,这样的旖旎文笔,是独属于他的。

可当时流传甚广的,偏偏是那首诗。古人认为"词为艳科",相当于靡靡之音。十岁的容若,还不敢明目张胆地填词,"天公毕竟风流绝"这样的词句,他也不敢让父亲看到。

当容若的诗名飘满了京城时,明珠深深地为有这样一个早慧的儿子而骄傲。他更加放任儿子一个人待在书房里,却不知道,儿子对那些弦吹之音、侧艳之词的喜好,已经远远超过了被他尊为圣贤书的儒家经典。

李煜·晏几道·纳兰容若

在清代，容若一直被看成天才词人。事实上，再天才横溢的词人，也是建立在对前人的模仿和超越之上的，先是模仿，再是超越。

诗人常被看成大众的偶像，其实他们也有自己的文学偶像。李白的偶像是谢朓，也就是"蓬莱文章建安骨，中间小谢又清发"中的那个小谢，狂傲、不可一世的李白，对谢朓却甚为服膺，王士禛说他"一生低首谢宣城"。苏轼的偶像是陶渊明，他不止一次提到，"渊明是吾师"，还认为他前生可能就是陶渊明，他在东坡开荒躬耕，饮酒自适，可能就是受了陶渊明的影响。白居易有点奇怪，他的偶像是一个比他年轻得多的后辈，也就是以《无题》诗闻名的李商隐，白居易晚年对李商隐的诗爱不释手，甚至还说："我死之后，转世投胎一定要做李商隐的儿子。"后来李商隐生了个儿子，果然毫不客气地取名为"白老"。

清代正逢词学复兴，每个词派都有他们追随的词人。以朱彝尊为首的浙西词派推崇姜夔、张炎，以张炎的"清空"为最高追求，可以称为清空派；以陈维崧为首的阳羡派推崇辛弃疾，喜欢稼轩的雄浑豪放，可以称为粗豪派；以张惠言为首的常州词派则推崇晚唐的温庭筠和北宋的周邦彦，主张词要有所寄托，也可以称为兴寄派。

容若不属于这其中的任何一派，虽然他和朱彝尊、陈维崧的交情都不错。在众多词派之外，他自成一派，如果一定要安个名目的话，我们可以称之为深情派。

深情派开宗立派的人物，当数南唐后主李煜。作为这一派开宗立派的人物，李煜的人生堪称悲惨，他一生都摆脱不了"亡国之君"的耻辱。作为帝王，他是个彻头彻尾的失败者；作为词人，他则是领袖群雄的人物。

他的词，有如贫家美女，粗服乱头，却不掩国色。他的悲剧在于，本应是个风流才子，却错生在了帝王之家。他生来是一个情种，对大小周后前后两任妻子都备极殷勤。大周后爱焚香，他就为她特别配置了司香宫女，焚香器具均以金银铸造、玉石精雕而成，名目有数十种之多。小周后痴迷绿色，他就特意让宫女们用露水染绢为衣，美其名曰"天水碧"。他做不了合格的帝王，却做得了最可心的情郎。

他对他的臣子、百姓都一片真情，宋太祖的军队打到了南唐宫外，他还在那里"垂泪对宫娥"，忧心的不只是他一个人的生死，还有这些卑微女子的命运。

人们都说他宅心仁厚，所以在他被宋太宗用牵机酒毒死之后，南唐的百姓无不偷偷痛哭设奠。可一个宅心仁厚的人，是做不了帝王的，因为他的多情和软弱，注定要亡国；也因为他的多情和软弱，他得以名留词史。

那些以血泪书就的词句，仿佛融入了全人类共同的悲哀，曾经打动了多少人：

"问君能有几多愁，恰似一江春水向东流"；

"流水落花春去也，天上人间"；

"胭脂泪，留人醉，几时重？自是人生长恨水长东"；

"还似旧时游上苑，车如流水马如龙，花月正春风"；

……

容若第一次看到这些词句时，瞬间就被击中了。词中的感受，他也有过，只是还不知道如何书写，突然有一个人将那些怅惘的愁绪、那种真挚的哀伤形容得如此贴切，不能不令他生出隔代知己的感觉来。

在此之前，他曾惊艳于《花间词》的绮丽秾艳，也喜欢过北宋秦观等人的小令，可这些和李煜的词一比，都显得黯然失色。在他看来，花间之词如古玉器，贵重而不实用；宋词实用，而少质重。李后主兼有其美，更饶烟水迷离之致。

那时的他，还未经人世沧桑，喜欢的是李煜笔下那种烟水迷离的情致；着迷的是"数点雨声风约住，朦胧淡月云来去"之类的清词丽句。李煜词中那不堪回首的故国江南，成了他最向往的地方。说来也怪，尽管容若生于北京，长于北京，他的词里，却总带着些江南水国的氤氲水汽，江南的小桥流水、桃花柳丝都是他再三吟咏的事物。

比如这首《采桑子》：

冷香萦遍红桥梦，梦觉城笳。月上桃花，雨歇春寒燕子家。
鬒筿别后谁能鼓，肠断天涯。暗损韶华，一缕茶烟透碧纱。

边塞的胡笳声惊醒了少年的梦,在梦里,他仿佛还在家中煮茶品茗。碧纱窗下,那个多愁善感的少年,哪里像是置身于北地京城,分明就是一个从二十四桥下穿越过来的翩翩公子,身上还带着些江南烟雨的气息。

如果要粉丝们为容若画像,十有八九会将他画成江南书生的模样,青衫翩翩,眉目含愁,俨然一个浊世佳公子。

作为李煜的隔代传人,容若继承的当然不仅仅是字里行间的江南风味,更是那不加拘束的情感表达方式。读了李煜的词,他才发现,原来词可以这样直抒胸臆,不必堆砌典故,更不用精雕细琢,任由感情的潮水自然流走就好。

容若似李煜,早已有人指出。梁启超评价他时就说过:"容若小词,直追后主。"容若的朋友陈维崧也认为:"《饮水词》哀感顽艳,得南唐二主之遗。"周稚圭更是直接说:"纳兰容若,南唐李重光后身也。"把他当成了李煜的转世。

其实李煜虽然是容若追慕的偶像,可说到相似的程度,他更像宋代的晏几道。

晏几道,字叔原,号小山,又一个深情派的扛鼎人物,和容若的相似程度几乎达到了百分之七十。

论家世,他们都是宰辅之子,晏几道的父亲是北宋名相晏殊,以"无可奈何花落去,似曾相识燕归来"最为闻名,两人并称为"二晏"。晏殊是很享受的,托赖父亲的庇护,晏几道少年时和容若一样,过的都是锦衣玉食的生活,"舞低杨柳楼心月,歌尽桃花扇底风",何等风流旖旎。只是后来他家道中落了,这点没有容若那么幸运。

论性情，小晏为人，堪称"痴绝"。关于他的"痴"，黄庭坚曾在为《小山词》写的序言中列举出晏几道的"生平四大痴绝处"——"仕宦连蹇，而不能一傍贵人之门，是一痴也；论文自有体，不肯作一新进士语，此又一痴也；费资千百万，家人寒饥，而面有孺子之色，此又一痴也；人百负之而不恨，己信人，终不疑其欺己，此又一痴也。"

如此看来，所谓的"痴绝"，既是痴情，也是痴狂，即《红楼梦》中形容宝玉所说的，"潦倒不通世务，愚顽怕读文章"。

纳兰容若，在朋友们心中也是这样的一个痴人，只是他虽痴情，却并不滥情。他和小晏的相似，正是表现在一往情深上。

小晏年少时，曾和朋友府上的几个歌女交好，之后风流云散，一生仍追念不已，"当时明月在，曾照彩云归"的最初印象，永远留在了他的心上。哪怕多情总被无情恼，哪怕总是被辜负，他依然不改初衷。

从李煜、小晏到容若，一脉相承的，不仅是词风，更是深情。他们当然各不相同，唯独那份纯真和痴情是相似的。而这个世界，往往容不下太过纯真和痴情的人，不管你是帝王还是公子。

对于过去的追忆是李煜、小晏、容若三个人的共同特点，他们都是那种活在回忆中的人，也是从古至今最爱做梦的人。翻阅他们的词集，你会发现他们对梦境的沉迷远远超过现实。

"梦里不知身是客，一晌贪欢"，这是李煜的梦。在梦里，他又回到了明月照耀下的故国，那里有他魂牵梦萦的江南，有他再也无法相见的子民。

"梦魂惯得无拘检，又踏杨花过谢桥"，这是小晏的梦。在梦里，他又见到了在酒筵前吹奏玉箫的情人，她还是那样娇媚，看向他的眼神还是那样脉脉含情。

第一次读这些词时，容若还不明白，为什么会有人如此留恋梦乡。直到多年以后，在不断地失去之后，他才蓦然醒悟，当一个人无法再拥有的时候，只有在梦境中才能重温昔日的美好。那时的他，苦恼的是在梦里也见不到他想见的人，"醒也无聊，醉也无聊，梦也何曾到谢桥"。

可当时，他还是一个涉世未深的少年，如同所有初识人事的少年一样，他对未来满怀着好奇，满怀着憧憬，想结识一切值得结识的人，想尝遍一切未曾尝过的滋味，比如，爱情的滋味。

我们的公子，就要去历他的情劫了。

第二卷 初恋：回廊一寸相思地

初见：蓦地一相逢，心事眼波难定

坐落于北京什刹海北岸的宋庆龄故居，其前身是醇亲王府，再往前追溯，则是大学士纳兰明珠的府邸。

什刹海在京城北郊，离城市中心约有十里之遥，这里湖波柳影，鸥浮鹭立，种植着成片的荷花，有荷叶田田，有十里稻香，是北京城中难得的一处佳景胜境。住在此地的人非富即贵，时人常把它比作唐代长安的曲江名苑。

即使在什刹海畔的连云甲第中，明珠府也显得独树一帜，府中花木明瑟，布局独特，东、西、南、北四面堆山，登山可俯瞰后海。由东南角引入后海活水，绕园一周。全园以水景为主，四处水面据方位分别称为东河、南湖、西河、北河，其中以南湖水面最为宽广。容若对所居之地显然十分满意，曾在《茅斋》一诗中写道："我家凤城北，林塘似田野。蓬庐四五楹，花竹颇闲雅。"

明珠喜欢造园，清人笔记曾记载，他在做太傅时（此时容若已逝），曾大兴土木，修建园林，在园中的风廊水榭之间，用白玉凿成一朵朵花，贴在墙壁上。园中有一个池子，宽达十亩，每到冬天时，则用彩纸剪成花叶，漂浮在水面上，当成荷花来观赏，并用五颜六色的杂毛编织成水鸭之类，点缀于彩花之间，其奢侈如此。

从明珠府中馆阁的名称,就可见宰相府邸的富贵气象,馆名"鸳鸯馆",阁称"珊瑚阁",斋号"绣佛斋",光从名字中已能隐隐嗅到宰相府的气派。

容若和父亲的审美情趣完全不同,他欣赏的是山林之趣、泉林之胜。父亲宠他,由着他在豪门大宅里建茅舍、造园子。明珠府中的那座花园,基本是按照他的品位造成的,他曾写有《于中好》一词:

小构园林寂不哗,疏篱曲径仿山家。昼长吟罢风流子,忽听楸枰响碧纱。

添竹石,伴烟霞。拟凭尊酒慰年华。休嗟髀里今生肉,努力春来自种花。

看来,他才是明府花园的总设计师,引活水入园的想法,很可能就出于他爱慕江南水乡的天性。这座由他亲自参与设计的园林,疏篱竹笆,曲径通幽,深得"闹中取静"之妙,给珠光宝气的宰相府添了几分野趣。

什刹海的水源来自京西玉泉山,与"渌水澄澹"的西湖(今昆明湖)属于同一水系,所以容若将这所园子命名为"渌水园"。园中有一个亭子,名字就叫"渌水亭",这处亭子是他最喜欢和朋友相聚的场所。

有趣的是,容若住过的这座园子,常被看成《红楼梦》中大观园的原型。渌水园和大观园,确实都是北方难得一见的水景园林。但渌水园在规模和气势上,远远不及那座"天上人间诸景备"

的大观园。

与其说园子相似，倒不如说住在园子里的人相似。容若和宝玉类似，早已有人指出，清人所作的《花帘塵影》中就说："读容若所为诗，风流旖旎，颇肖宝玉为人。"

宝玉一生中最快活的日子，都是在大观园中度过的。在这里，他和姐妹们一起开诗社、行酒令，月下联句，雪中折梅，日子过得何等诗意。大观园，就是曹雪芹为宝玉和他的姐妹们精心构造的一个桃花源，一个理想的生存地，一个接近于与世隔绝的半封闭空间。

渌水园之于容若，应该也是这样的一处所在。他人生中的早期，也和住在怡红院中的宝玉一样，过了几年富贵闲人的生活。

由于古代生活的封闭，每个贵族公子的初恋，似乎都是从青梅竹马、两小无猜中萌生的。宝玉和他的林妹妹是如此，容若和他的表妹也是如此。

宝玉第一次见黛玉时，就惊叹"这个妹妹我见过"，容若虽然不曾说过这样的话，但他对初见表妹时的场景记得十分清楚：

正是辘轳金井，满砌落花红冷。蓦地一相逢，心事眼波难定。

谁省，谁省。从此簟纹灯影。

——《如梦令》

词牌名叫《如梦令》，这首小令仿佛也笼罩在一种如梦似幻的气氛之中。他清楚地记得，那一天，正是落花时节，春意早已阑珊，他站在井边，看落红成阵，听沥渌井声，正在感怀伤春。

就在这个时候，她忽然出现了，弱不胜衣，眼波流转，那微微蹙起的眉尖上，仿佛还带着些春日将尽的伤感气息。

他蓦地愣住了，怔怔地看春风吹过，卷起一阵花瓣雨，落在她的鬓间发上，落在她那件绣着折枝花的浅绿罗裙上。他很想伸出手去，轻轻拈去落在她头发上的花瓣，可他什么都不敢做，因为他猜不透她的心意。那盈盈流转的秋波，究竟是爱？是恨？是喜？是嗔？他捉摸不定，更加不敢造次。

直到她叫了一声"冬郎哥哥"，他才如梦初醒，等他想和她说点什么时，她已经笑着跑远了，留下他一个人兀自站在原地。

"谁省。谁省，从此簟纹灯影。"自那之后，她的影子无处不在。当他躺在簟席上辗转反侧时，当他在烛影灯光下夜读时，眼前出现的都是她临去秋波那一转的样子。他生平第一次体会到，什么叫"眉间心上，无计相回避"。

初见时的怦然心动最难以令人忘怀。许多年以后，关于那天的每一个细节仍然历历在目。他还记得，她穿着一件制作独特的罗裙，上面绣的不是繁复的牡丹、蔷薇，而是素雅明净的折枝花卉。后来他在词中写道，"忆来何事最销魂，第一折枝花样画罗裙"。在他的眼里，她是如此特别。或许每一个情窦初开的人，都会觉得自己的意中人最特别吧。

因为是在暮春时节相逢的，每次想起她来，仿佛都伴随着片片飘飞的落花。"落花红冷"，是当时的意境，也是他的心境。如此凄冷的气氛，仿佛预示着他们的爱情终将像这落花一样无声飘落。

可那时他还没有警觉，只是像每一个初坠入爱河的人一样，着迷于她的一颦一笑，苦苦猜度着她难以捉摸的心思。

关于这个表妹的记载太少太少，甚至连她的名字也无从知晓。我们不知道她是何方人氏，也不知道她姓甚名谁。她是不是像黛玉一样，因父母双亡寄居在舅舅家中？还是像湘云那样，只是经常到纳兰府内做客？

唯一可以肯定的是，容若和这位表妹，共度过一段耳鬓厮磨的纯真岁月。他对她的情意，是在一点一滴中累积而成的。

他写过一组题为《杂忆》的诗，正是对往昔片段的追忆：

> 卸头才罢晚风回，茉莉吹香过曲阶。
> 忆得水晶帘畔立，泥人花底拾金钗。
>
> 春葱背痒不禁爬，十指掺掺剥嫩芽。
> 忆得染将红爪甲，夜深偷捣凤仙花。
>
> 花灯小盏聚流萤，光走琉璃贮不成。
> 忆得纱幮和影睡，暂回身处妒分明。

有人说这组诗是他为妻子所写的，但我觉得，这更像是他为表妹而作。容若的这组诗，是追和元稹的《杂忆》，而元稹在诗中深深怀念的那个女子，不是他的妻子韦氏，而是他的初恋情人双文。

仅从容若的这组诗来看，他所写的也是一个娇俏活泼的小女孩，她会软语央求他为她去花底捡拾金钗，她会在夜深人静时偷偷地捣碎凤仙花染红指甲，她还会用花灯小盏捕捉萤火虫。不管是"夜深偷捣凤仙花"，还是"花灯小盏聚流萤"，描绘的都更像是天真烂漫的少女。试问哪个女孩子，没有在小的时候偷偷染过红指甲呢？

第二卷 初恋：回廊一寸相思地

小表妹之所以在容若的心中留下了不可磨灭的印象，正是因为他们是彼此成长期的见证者和参与者。他看着她一天天地长成了明慧少女，她也看着他一天天地长成了翩翩少年。他们就像宝玉和黛玉那样，终日厮守在一起，一起玩耍、一起守岁、一起共读《西厢记》之类的禁书，偶尔也会像宝、黛那样拌拌嘴、斗斗气，旋即又和好了。

少女的心思总是阴晴不定的。容若苦恼的是，他有时真的无法猜透表妹心里到底在想什么。

那一年的三月，杏花早早开了，开得云蒸霞蔚般灿烂。表妹一时童心大发，忽然提议说要和他来场折花比赛，看谁更轻盈利落。

容若本来是个好静的人，大人们都说他少年老成，可只要表妹一跟他撒娇，他就什么都肯答应了。爬树摘花，大人肯定会说不是君子所为，但是管它呢，只要表妹高兴就好。

表妹率先爬上了杏树，站在一根树枝上，炫耀自己身轻如燕。他也不甘示弱，很快爬了上去。两人挤在树上，争先去攀折最高处的花枝。风吹过来，洒落笑语一串，只有和表妹在一起，他才会开怀大笑。眼看他就要折到那枝开得最繁盛的杏花了，表妹忽地伸出手来，在他背上轻轻推了一把。

他从树上掉了下来，还好树不高，否则堂堂相府公子，就要很不雅地亲吻地面了。他正想重新爬上树，却不想树上猛地落下了一阵花雨，原来是表妹在用力地蹬树干。杏花落了他满头满脸，他抬起头，看见表妹站在鲜花掩映之中，一张泛着红晕的脸比花还要娇美。四目相对，连空气都变得缠绵起来，他们凝视着彼此，一时都忘了说话。

正当他心荡神驰的时候，表妹却忽然红着脸跳下树，匆匆跑开了，任凭他在后面大声呼唤她的名字也不回头。

他不明白自己到底哪里做得不好，惹恼了表妹。直到有天，他无意中读到了韦庄的那首《思帝乡》，才瞬间明白了表妹的心思。"春日游，杏花吹满头，陌上谁家年少，足风流。妾拟将身嫁与，一生休。纵被无情弃，不能羞。"表妹那天，一定是想到了这首词，她脸上的红晕，不是因为恼怒，而是因为害羞。慧黠的她，是想借此来表达对他的情意。杏花树下，他，就是那个杏花吹满头的风流少年；而她，则是那个拟将身嫁与的多情少女。

只可惜，她将心思隐藏得太深，他又明白得太晚。他们就如宝、黛一样，将太多的时间浪费在试探、猜测和犹疑上，直到分开后才追悔莫及。

同样一株杏花，在韦庄词里开得那样绚烂，在纳兰词里却只剩下凄美。他不止一次缅怀和伊人攀上杏树同折花枝的情景：

伏雨朝寒愁不胜，那能还傍杏花行。去年高摘斗轻盈。
漫惹炉烟双袖紫，空将酒晕一衫青。人间何处问多情。

酒醒香销愁不胜，如何更向落花行。去年高摘斗轻盈。
夜雨几番销瘦了，繁华如梦总无凭。人间何处问多情。

"淡烟疏雨杏花天，去年高摘斗轻盈"。这一幕给他留下的印象如此美好，以至于他不惜在词中再三提到。自从伊人远走，他连在杏花树下路过都不敢了，怕的就是触景伤情。

若时光能停留在那一刻就好了，那时的世界是多么美好，天地间连半点伤心的事都没有。

密会：梨花院落，回廊影里

"梨花院落溶溶月，柳絮池塘淡淡风"，这是北宋宰相晏殊的诗。晏殊位极人臣，可以说富贵已极，他最看不惯人们一写到富贵人家的生活，就用些金、玉、锦、绮之类的字，认为这是穷人家没见过世面。他觉得真正的富贵在于气象，如梨花一句描写的景象，岂是寻常百姓可以见到的？

容若所住的渌水园，就有这样一处梨花院落。表妹住在他家时，最爱在此处流连，尤其爱在月下赏梨花。

春天的夜晚格外寂静，在盛开着梨花的院子里，他们静静地依偎在一起，看月光洒下来，轻而柔地将整个院子覆盖住。

表妹指着梨花问他："冬郎哥哥，你看这月光下的梨花像什么？"

他不假思索地答道："像雪。"

"不对。雪是厚重的，不是透明的。"表妹伸手扯过一枝梨花让他看，"你看，梨花是透明的。我看它不像雪，像月光。"

他凑近一看，只见沐浴在月色中的梨花果然像月光一样晶莹剔透，呈半透明状。

表妹意犹未尽，撕下一瓣梨花："你瞧，若是把月光一片片绞碎，就能做成梨花的花瓣。"

多么新奇的比喻啊！表妹的冰雪聪明，总是让容若甘拜下风。身着素白裙子的她倚在梨花树旁，一张脸也被月光照成了半透明，叫人分不清哪是花，哪是人。一个念头蓦地涌上他心头——她一定是天上掌管梨花的仙子偷偷下凡了吧。

熟悉纳兰词的读者，如果稍加留心的话，就会发现，梨花在他的词中出现的频率特别高，如：

　　春情只到梨花薄（《虞美人》）；

　　黄昏只对梨花（《清平乐》）；

　　又是梨花欲谢（《昭君怨》）；

　　任梨花落尽无人管（《金缕曲》）；

　　为梨花深掩重门（《唐多令》）；

　　趁星前月底，魂在梨花（《沁园春》）；

　　落尽梨花月又西（《采桑子》）；

　　满地梨花似去年，却多了，廉纤雨（《秋千索》）；

　　……

也许是他将梨花当成了意中人的化身，也许是他和意中人是在梨花开时定的情，不然他的词中哪来如此多的梨花？

有一首《鬓云松令》，写的正是他和意中人在梨花开时相会的情景：

　　枕函香，花径漏。依约相逢，絮语黄昏后。时节薄寒人病酒，划地梨花，彻夜东风瘦。

掩银屏，垂翠袖。何处吹箫，脉脉情微逗。肠断月明红豆蔻，月似当时，人似当时否？

"月上柳梢头，人约黄昏后"，人生最美好的事，莫过于这花前月下的约会了。在那个春夜，枕头上还留着余香，花径里暗露春光，他与伊人相约于黄昏时分，在夕阳下细语绵绵。"依约相逢，絮语黄昏后"，将一对少年恋人的昵昵小儿女之态刻画得淋漓尽致，那是他们最快乐的时光，"絮语"两个字尤其生动，相爱的两个人刚刚在一起，总是有说不完的情话。

"划地梨花，彻夜东风瘦"，瘦的不仅是梨花，也是人。梨花的瘦弱是因东风摧损，而恋人的消瘦则是因为难耐相思。

下阕写的是别后场景。当年花径相逢，喁喁细语，如今却银屏重掩，翠袖低垂，形单影只。在孤单中又听到了远处传来的箫声，那声音是如此婉转，又勾起了对当年脉脉情意的回忆。此时月光正照在那颗红豆蔻上，月色清朗一如当时，别后的人儿也像当时一样吗？

容若的笔下常常写到"瘦"字，其中有"三瘦"尤为经典，分别是"瘦尽灯花又一宵""谁怜辛苦东阳瘦"，以及此词中出现的"划地梨花，彻夜东风瘦"。他本人也十分纤瘦，不像大部分满人那样强壮。

记得表妹还为此取笑过他，说他："借问别来太瘦生，总为从前作词苦。"这本是李白戏谑杜甫的话，表妹将"作诗"改成了"作词"，以此来打趣他。

表妹不知道，他的消瘦，一半是因为病，一半是因为她。相思本就令人瘦，随着年岁的增长，他和表妹不能再像儿时那样形影不离，只能趁旁人不注意时偷偷私会，这对于坠入爱河的容若来说，无疑是一种煎熬。

白天容若一般都很忙，忙着读书，忙着骑射，放学回家时，往往天色已晚，他总是趁这个时候去见见表妹，所以他的词中写到有关密会的词，总是发生在黄昏、月下、深夜等时分，就如《落花时》的上半阕所写的这样：

夕阳谁唤下楼梯，一握香荑。回头忍笑阶前立，总无语，也依依。

正是夕阳西下时分，他刚刚骑射归来，飞也似的来到她暂住的小楼下，低声呼唤她的名字。她应声走了下来，一双手在夕阳的照耀下白如柔荑，他忍不住轻轻握住。她挣脱了他的手，伫立阶前，忍笑回头。尽管两个人一句话也没说，却有脉脉的情意在他们之间流动。

"一握香荑"常被人解释成手里握着一把芳草，其实香荑在这里是指女儿家的手嫩如柔荑。像这样"一握香荑"的机会并不多，很多时候，为了避人耳目，他们只能在园子中少有人去的地方匆匆一晤。

回廊就成了他们幽会的场所。以前的大户人家，会围绕庭院创设一处回环曲折的走廊，冷天可避雨雪，晴天可遮日光。颐和园万寿山附近就有一处长达七百多米的回廊，如彩带一般将各处风景连接起来。

回廊以其曲折幽僻成为情人们相会的好地方。关于回廊相见的描写，在纳兰词里曾反复出现：

回廊外种着竹子，他们相会时能听到竹声撩乱，"依旧回廊新月在，不定竹声撩乱"（《金缕曲》）；"梦阑酒醒，早因循，过了清明。是一般心事，两样愁情。犹记回廊影里誓三生"（《红窗月》），这是说他们曾在回廊影里约定三生；"莫道不凄凉，早近持觞。暗思何事断人肠，曾是向他春梦里，瞥遇回廊"（《浪淘沙》），这是说梦见恋人在回廊出现；"曲阑深处重相见，匀泪偎人颤"（《虞美人》），这写的是他们在曲径幽廊处重逢，她投身入怀，他伸出手来，轻轻拭去她脸上的泪痕；另一首《虞美人》之"回廊一寸相思地，落月成孤倚。背灯和月就花阴，已是十年踪迹十年心"，是说从前和恋人久处回廊，纵然已过十年，仍然念念不忘。

回廊虽幽静，但总是人来人往，对于情窦初开的少男少女来说，在幽径回廊处的相会实在太短暂了，他们期待着更为长久的幽会。

容若和表妹之间，应该有过不为人知的偷期密约，这首《浣溪沙》可佐证：

十二红帘窣地深，才移划袜又沉吟。晚晴天气惜轻阴。

珠极佩囊三合字，宝钗拢髻两分心。定缘何事湿兰襟。

"划袜"是以袜贴地的意思，出自李煜的《菩萨蛮》，写的正是他和小周后偷偷幽会时的一幕："花明月暗笼轻雾，今宵好向郎边去。刬袜步香阶,手提金缕鞋。画堂南畔见,一向偎人颤。奴为出来难,教君恣意怜。"那时小周后还是他的小姨子,两人只能私下密会,因为怕人听见脚步声,小周后特意脱下金缕鞋,只穿着袜子去见情郎。

容若词中的这个少女,比小周后多了一份矜持。在帘幕垂地的深宅大院里,她刚刚脱下鞋子移动脚步就又迟疑起来了。这一天已临近傍晚,时间的流逝让她心惊。为了去见情郎,她着意打扮了一番,缀有珠玉的裙带上佩着香囊,正切合"三合"的吉日,头上的发髻用宝钗拢起,就像两个分开的"心"字。不知她想起了何事,又悄悄流下了眼泪,沾湿了芬芳的衣襟。

可见这位表妹,骨子里也和容若一样多愁善感。他曾经多次写到她爱哭,爱在芭蕉叶上题诗。这种终日将眼泪抛洒的形象,倒和寄居在舅父家的黛玉颇为相似。她为什么这样爱流泪?可能是因为寄人篱下,感怀身世;也可能是因为她看不到和容若的未来。他们虽已在私底下订过婚约,可那仅仅是他们之间的约定而已。

正因为一颗心总是忐忑的,她无法像小周后那样爽快地去和情郎相会,而总是再三犹豫。有时她甚至不肯去赴约,容若的词就描写过久等不至的失望:

昨夜个人曾有约,严城玉漏三更。一钩新月几疏星,夜阑犹未寝,人静鼠窥灯。

原是瞿塘风间阻,错教人恨无情。小阑干外寂无声,几回肠断处,风动护花铃。

——《临江仙》

第二卷 初恋：回廊一寸相思地

一对恋人相约见面，结果一方爽约了，剩下的那个人苦苦等候，等到城外更深漏迟，所等的那个人还是迟迟不肯露面。新月如钩，疏星数点，他怎么也睡不着，无聊地看着那只探头探脑的小老鼠出来偷窥灯火。

若是其他人，见恋人久等不至，难免会抱怨对方。心地淳厚的容若却一味为对方着想，连爽约的理由都帮她想好了，他猜，一定是发生了什么不可预测的变故，导致她来不成。"瞿塘风阻"并不是说这晚有风雨如晦，而是寓意着有极大的鸿沟横亘在他们之间。

既然两心相许，这种阻力就只能是来自外界。早有前人指出，这种阻力可能来自容若的父母，因涉及长辈，他不愿意直说，只能用"风波""风浪"来代替。他在词中婉转地写："惆怅玉颜成间阻！何事东风，不作繁华主？"似乎有抱怨父母不肯替他主婚的意思。

瞿塘峡上风波恶，他担心的是，他和表妹的这叶爱情小舟，还能在大风大浪中前行多久？

入宫：自惜寻春来较晚

> 而今才道当时错，心绪凄迷。红泪偷垂，满眼春风百事非。情知此后来无计，强说欢期。一别如斯，落尽梨花月又西。
> ——《采桑子》

年少的恋情，就像那月光下的梨花，只开了一个春天就萎谢了。天长地久的誓言刚刚还在耳边，就已经被东风吹散。

"而今才道当时错"，不曾痛失所爱的人，无法理解这短短七个字有多沉痛，又包含着多么复杂的情绪。不舍是肯定的，一想到那人将一去不返，便会涌起锥心一样的疼痛。伤心也在所难免，为了怕对方难过，只能偷垂红泪，咽泪装欢，勉强约定着再见的日期，心里知道，再见，只怕是再难相见了。

而在所有的情绪中，最最折磨人的居然是后悔，悔不当初啊，当时一定是做错了什么，才导致今天的离别吧。如果当时他能够勇敢一点点，是否就能把她留在身边？如果他早早地未雨绸缪，是否就能避免陷入如今这样的局面？

人在年少时，总以为所有的事都来日方长，没想到，转眼就各奔西东，什么都来不及了，来不及向她求亲，来不及陪她变老，来不及兑现承诺……

表妹就要入宫了。

选秀,是每个八旗女子生来就必须履行的义务。清人入关之后,顺治帝就规定,凡八旗人家年满十三岁至十六岁的女孩,必须参加每三年一次的皇帝选秀女。清代的后宫,上至嫔妃,下至宫女,都是从旗人女子中挑选出来的。叱咤清末政坛数十年的慈禧,也就是叶赫那拉氏,就是通过选秀入宫的。

小表妹的命运,几乎是从生下来就注定了,她柔弱双肩背负着的,不仅是父母的期盼,更是一个家族的希冀。满洲贵族,都以女子能为帝王嫔妃为荣,一朝选在君王侧,能令门户光彩生。如果她丑一点、笨一点倒还罢了,偏偏她还生得那样丰姿妍丽,那样聪慧伶俐,天生丽质、出身良好的旗人女孩儿,注定是要入宫待选的。

他们的结局,还没开始就已经写好。只是那时候的容若心里总抱着一丝侥幸,也许父亲会设法成全他们呢;也许家人会不忍让表妹入宫呢;也许忙于国事的康熙顾不上采选呢。

直到后来,他才知道自己有多么幼稚。父亲也好,表妹的家人也好,他们怎么可能放弃这个攀龙附凤的机会!他们不是不知道这对小儿女的心思,而是和家族的利益相比,这点儿情谊是随时可以被牺牲掉的。

一切都来不及了。当表妹的名字被送入宫中,答案就没有悬念了。任凭他再怎么苦苦央求,再怎么痛彻心扉,也无法改变这一事实。皇权是不容反抗的,在此之上更加强大的——叫作命运。

别离的笙箫已经悄悄吹响,这对无助的恋人,此刻却佯装听不见,只想腻在一起,每分每秒都腻在一起,假装不知道明天就要分开。

临别前的幽会,再欢乐也透着凄凉的气息,就像这首《鹊桥仙》中写的那样:

> 倦收缃帙,悄垂罗幕,盼煞一灯红小;便容生受博山香,销折得狂名多少!
> 是伊缘薄?是侬情浅?难道多磨更好?不成寒漏也相催?索性尽荒鸡唱了!

深夜的书房里,他们挑灯夜读,一人捧着一本书,其实思绪早就游离,心思早已不在书上了。索性放下了手中的书,对着悄悄低垂的帘幕,相对静坐。此时已是深夜,整个世界都静了下来,仿佛只剩下他们两个人。

"盼煞一灯红小",这是只有情人相聚时才会有的心情。情人们总是喜欢在光线幽暗的场所相会,月下、灯前、黄昏,两个有情人聚在一起时,只嫌那烛光太耀眼,恨不得它暗一点,再暗一点,让他们能够在昏暗中共享朦胧的情趣。

"便容生受博山香",从字面来看,是说他们静坐品香,事实上,"博山香"是有着特殊寓意的,南朝民歌中曾有句云"欢作沉水香,侬作博山炉",女子以炉中香自比,将男子比作香炉,事实上是男女欢好的含蓄的比喻。李白也写有一首《杨叛儿》:"君歌杨叛儿,妾劝新丰酒。何许最关人?乌啼白门柳。乌啼隐杨花,君醉留妾家。博山炉中沉香火,双烟一气凌紫霞。"很明显,放荡不羁的李白是在歌颂男欢女爱之乐。

容若的词里也出现了"博山香"的隐语，可见在这离别的前夕，一贯矜持的他们生平第一次放下了矜持，尽情享受这一刻的浓情蜜意。旗人的男女之防本就不太森严，这对小情人也许不至于偷尝禁果，但至少有过耳鬓厮磨的亲近。

在小表妹，这是"须作一生拼，尽君今日欢"；在容若，这是"销折得狂名多少"。为了这难得的欢娱，即使被人说成轻狂，即使遭到世人的指责，也是值得的。

相聚时有多甜蜜，离别后就有多痛苦。是什么拆散了如此相爱的两个人？容若忍不住抛出了一连串的疑问，到底是你我缘分浅薄，还是怪我用情不深？难道好事注定要多磨？他在怨自己，也在怨她，最后连老天都一起怨恨了起来。

谁都不同情他，连窗外的寒漏也声声相催，满腔苦恼，登时化为愤懑，他干脆不睡了，披衣起床，坐等天色破晓。

人们总以为失恋的人只是苦恼，其实很多时候他们更为愤怒。尤其是容若这种情况，对于表妹的入宫，他是愤愤不平的，既愤怒于强权的横刀夺爱，又愤怒于自己的无能为力。

可是再愤懑又如何呢？他只能眼睁睁地看着她离去，连伸手留住她都不能够。在入宫的马车上，表妹悄悄打开了容若交给她的一封信，那是他临走时匆匆塞给她的，纸上墨迹淋漓，只有短短一行字——莫教星替，守取团圆终将遂（语出《减字木兰花》）。

眼泪唰的一下掉了下来，洇湿了字迹，她紧紧地捏着那张纸，哭得不能自抑：冬郎啊冬郎，你真是这世上最傻的人了，居然还在盼望着团圆呢，团不团圆，又岂是你我能够做得了主的！

一入宫墙深似海,从此萧郎是路人。

表妹毫无悬念地入选了,最后一丝侥幸也落了空。一道巍峨的红墙,从此便将一对有情人隔开,只有当你爱的人入了宫之后,你才会明白什么叫作咫尺天涯。就像那紫禁城外的御沟,纵然水并不深,却是谁也无法跨越过去的天堑。

深宫,素来被宫娥、嫔妃们形容为"那不得见人的去处"(元春语),巍巍紫禁城,锁住了多少女子的青春年华,锁住了多少红颜的寂寞岁月。容若想起,表妹平时最爱吟咏刘方平的"梨花满地不开门",彼时她还只是个不知愁的天真少女,只是爱这诗句的清丽风味,却浑然忘了,前面的那一句正是"寂寞空庭春欲晚",一语成谶哪!

表妹生来胆小,一个人待在空房子里都会害怕,如今在那宫墙深处,谁陪她花朝月夕?谁共她吟风赏月?在那处处都要留心的禁宫之中,只怕连眼泪也只能背着人偷偷地流了。

暗觉欢期过,遥知别恨同。多情如容若,一个人独坐回廊,空对梨花时,满心疼惜的却是禁宫之中的表妹。他深信,当他思念着她的时候,她一定也在深深地思念着他。一腔离愁,满腹相思,顿时化成了一首首哀感顽艳的诗词。正是从那一年开始,他的词中,出现了那么多幽怨的宫女。

"深禁好春谁惜?薄暮瑶阶伫立,别院管弦声,不分明。"他想象着,在那重门紧锁的深宫之中,一个寂寞的宫娥独自站在薄暮的瑶阶之上,春色满院,管弦满室,可这热闹都是他人的,她却什么也没有。

就像戏文里面唱的那样:"原来这般姹紫嫣红开遍,似这般都付与断井颓垣。良辰美景奈何天,赏心乐事谁家院。"正当妙龄的宫娥,就像这深禁中的春光一样,没有人懂得怜惜。

表妹入宫之后,容若还抱着一丝痴念,幻想着她兴许能被放出宫来。清代不同于明代,宫女若没有被皇帝临幸,满二十五岁后会有出宫的机会。正因如此,他才在词中殷殷叮嘱她"守取团圆终必遂"。他坚信,尽管有风波阻挠,只要两心相依,百折不挠,就总有团聚的那一天。

同时他也担心,表妹那样姿色出众,会不会受到皇上的宠幸?他写过一首咏茉莉的诗,隐隐流露出这种担忧:

南国素婵娟,春深别瘴烟。
镂冰含麝气,刻玉散龙涎。
最是黄昏后,偏宜绿鬓边。
上林声价重,不忆旧花田。

这一枝清新素雅的茉莉花,原本生活在宫墙之外的南国。它的外形,如镂冰刻玉般洁白;它的香气,如麝香龙涎般馥郁。它最适合在黄昏之后,被斜插于发鬓之上。如今这一枝南国的茉莉被采摘到了皇家上林苑,它洁白芬芳,醉倒了皇室的贵人,它是否还记得旧时生长过的那一片花田?

当担忧和忐忑累积到一定程度时,他有时也会在词中直露无遗地表达对所爱被人夺走的怨恨:

花丛冷眼,自惜寻春来较晚。知道今生,知道今生那见卿?

天然绝代，不信相思浑不解；若解相思，定与韩凭共一枝。

"自惜寻春来较晚"，和杜牧《叹花》一诗的用意相同。相传杜牧在湖州游玩时，曾结识一个豆蔻年华的女孩，他和女孩的母亲约定，十年之后来娶这个女孩。等他任湖州刺史前去提亲时，已是十四年后，女孩早就另嫁他人了。他为此惋惜不已，写下了《叹花》一诗："自是寻春去校迟，不须惆怅怨芳时。狂风落尽深红色，绿叶成阴子满枝。"

杜牧最是风流洒脱，所以他才说"不须惆怅"。容若却最是深情绵邈，所以他才"花丛冷眼"，对别的女子都不屑一顾，只因错过了曾经的意中人。"知道今生，知道今生那见卿"，这不同于杜牧那种淡淡的惆怅，而是深深的懊悔、深深的自责，他悔恨自己没有早早把握，才导致和意中人擦肩而过。

下阕别有深意，用到了韩凭夫妇的典故。韩凭是战国时宋国的大夫，宋康王垂涎于他的妻子何氏的美色，强行夺走了她。韩凭眼见妻子被夺，愤而自杀。何氏愤恨至极，存了必死之心，暗暗将所穿的衣服腐蚀。一天，她和宋康王登上青陵台共赏美景时，忽然从台上一跃而下，左右的侍从连忙伸手去拉，谁知那衣服却触手即碎。何氏殉情之后，宋康王大怒，将韩凭夫妇分别埋葬，两个坟墓遥遥相望。后来，韩凭和何氏的墓上各长出一株树，两株树越靠越近，根叶相缠，宋国人都称这种树为"相思树"。

容若这是借韩凭夫妇的故事，向那个被夺走的意中人示意：他坚信，以她的慧质玲珑，不会不懂得他的相思；若懂得他的相思，定会坚贞不屈，像韩凭夫妇那样至死不渝。

"定与韩凭共一枝",这句见血见泪的誓言,在心意坚定的程度上,堪与"山无陵,天地合,乃敢与君绝"比拟。不要误以为容若柔弱,他骨子里比谁都决绝,当失去了所爱之人时,他甚至产生了要像韩凭那样殉情反抗的痴念。

活着,我们不能在一起;若是死了,我愿做那韩凭,和你化成一对相思树,根须相缠,枝叶相绕。

在那个讲究以礼克情的年代,容若却不管不顾地倾诉着他对恋人的一片痴情。什么词贵婉曲,什么怨而不怒,他统统顾不上了,只顾着借词来剖白他的痴心和怨念。

能够写出这种词句的人,做出什么惊世骇俗的举动也不会让人感到意外,一个疯狂的想法慢慢在他脑海里成形——他想进宫去看看她。

重逢：一次任性的冒险

"我要进宫去看看她！"

起初，这个念头一冒出来，连容若自己也吓了一跳。

只要了解清代宫禁之严，就会替动了如此念头的容若捏一把冷汗。有清一代，宫禁前所未有的森严，尤其是在立国之初，清人以武力夺取了天下，时刻担心汉人反扑，一向非常重视对紫禁城的护卫。紫禁城内，实行的是"宿卫制度"，约有一万五千名侍卫值勤。紫禁城有严格的禁卫制度和星罗棋布的护卫，别说普通百姓，就连王公贵族、文武官员要想进入紫禁城都需要经过严格的登记和检查，且他们只能止步于乾清宫，无法进入后宫。

早在清朝最强盛时期，即康、雍、乾三朝的时候，就发生过两三次闯宫事件，只是没有一人能成功闯入，无一例外都是在宫门外被当场拿下。民间曾盛传，侠女吕四娘曾深夜潜入皇宫，割了雍正皇帝的脑袋替祖父吕留良报仇，其实考虑到雍正朝的宿卫制度，此事成功的概率实在太小。

容若自小就听父亲说过，紫禁城中的护卫如何严防密布，有胆敢闯宫者，不仅自己有掉脑袋的风险，还会连累家人。

明珠本就出身侍卫，这些规矩容若打小耳濡目染，岂能不了解？理智上，他比谁都明白，进宫这种想法太过疯狂，也太过任性，最好连想都不要想。情感上，他却无法抑制对宫内那人的思念。情感很快战胜了理智，他知道不入宫的理由有千条万条，可却抵不过想进宫的那一条理由——他想再见她一面。

当你苦心孤诣想做一件事时，总会等到上天给你的机会。那一年，正逢国丧，宫中大办丧事。满人信奉喇嘛教，宫中贵人死后，会停灵数日，并请来喇嘛诵经。徘徊在宫墙之外的容若看见那些喇嘛在宫中自由出入，蓦地灵机一动，想出了一个最大胆的办法。

他花重金买通了一名喇嘛，换上僧袍，装作一名小喇嘛，混进喇嘛的队伍走进了皇宫。

后宫，这片神秘的禁地，有多少男人向往着能够涉足于此，去目睹下三千佳丽的真面目。可扮作喇嘛的容若，全无探究此地的欲望，他跟在其他喇嘛身后，佯作好奇地四处张望，看似在打量深宫中的风物，事实上只有一个目的，那就是寻找小表妹的身影。

喇嘛们一边行走，一边喃喃念经。容若双手合十，嘴里也念念有词，他不是在为亡灵超度，而是在向上天祈祷："上天啊，请让我们再见一面，一面就足够了。"

上天像是听到了他的祈祷，一队穿着素白旗装的宫女迎面走来。他打起精神来，定睛细看。乍看之下，那些宫女都穿着同样的衣裳，梳着同样的发髻，迈着同样细碎的步子，连国丧期间哀戚的表情都十分相似。他仔细地看着，唯恐错过记忆中那张娇俏的面孔，可直到瞧花了眼，也没有看到那张熟悉的脸。

曲折的长廊很快就要走到尽头，他的这趟冒险之旅很快也将画上句号，正当他倍感失望时，他忽然感觉到，有人在注视着自己。

他猛地抬起头，去捕捉那目光的来源。看到了，真的看到了，即使是在一群穿着同样衣服的宫女之中，他还是一眼就看到了小表妹。她就站在那里，那个曲栏深处，犹如从前那样，含情凝望着他，像是有千言万语想向他诉说；那目光又像是含着火，灼得他脸上发烫，胸口生疼。

四目相投时，他仿佛看见了她的眼中有泪光闪现，就像一朵芙蓉花，在秋雨中轻颤。看到他时，她苍白的脸上泛起了一丝红晕，迅速转过脸去，强作镇定地低头走开，可那趔趄的脚步、云鬓上颤动的凤钗都泄露了她内心的不安与哀愁。

他差点按捺不住，低声唤出她的名字，可那两个字滑到嘴边，又不得不咽了下去。在这众目睽睽之下，他再怎么想念她，也只能默默地看着她离去。他不甘心啊，实在是太不甘心了，费了那么大劲，冒了那么大的风险，难道就这样不交一语，又这样匆匆分开吗？

她一定也不甘心，所以才走得那样慢，那样不情愿，当转过那个回廊时，她看似不经意地晃动着头上的玉钗，轻轻地敲击着门廊。

这个动作，是他们之间的暗语。自她入宫之后，什么都变了，只有这心里的暗号不变，她是用这个轻叩玉钗的动作来告诉他：我也看见你了。

当他还在琢磨她的用意时，她已经随着那队宫人，消失在回廊尽头。

同样是回廊，纳兰府中的回廊曾容纳下他们多少的柔情蜜意、欢声笑语，宫中的这处回廊，却成了他们的诀别之处。回廊，从此成了他的伤心处、相思地,藏着一个想爱而不能爱的人,一段不忍触碰却又时时怀念的往事。

直到看着她离去,他才知道自己此行有多么愚蠢。"相见争如不见,有情何似无情"。他曾经千千万万遍地设想,再次见到她之后,要怎样怎样、要如何如何;可谁知道真的见了之后,诉不了离愁,说不了相思,连一句问候的话也没有机会说。早知道如此,倒不如不见的好。

失魂落魄的他回到家中,把自己关在书房里,和着泪水,写下了这首《减字木兰花》:

相逢不语,一朵芙蓉著秋雨。小晕红潮,斜溜鬟心只凤翘。
待将低唤,直为凝情恐人见。欲诉幽怀,转过回阑叩玉钗。

"相逢不语",是他们最后的结局。从此以后,那个名字,那段往事,只能被尘封在心底,再也不能去触及了。

初恋的花早早地谢了,他也不再是那个为赋新词强说愁的少年。逝去的爱情,为他粉红色的词句蒙上了一层阴郁的青灰色。精于纳兰词研究的学者黄天骥曾评价说,容若的词,就像玫瑰色与灰色的和谐。比如这首美轮美奂的《减字木兰花》,重逢的喜悦和失恋的怅惘交织在一起,透过粉红色的词彩,不难察觉到失恋者阴郁的心情。

或许也可以说,灰色是基调,玫瑰色是点缀;一部纳兰词,就是在灰色底子上描绘出的凄艳之花。凄和艳,本是两种对立的情调,却在他的词中得到了奇妙的统一。

后世推崇的"哀感顽艳"的纳兰词风，正是从此时开始成形的，而这一切，最初只不过是源于他的失恋。

对于一个失恋者来说，总以为他失去的是整个世界。直到人生的终点，容若才明白，人生，原本就是一个不断获得，又不断失去的过程，正如苦乐相参、悲欣交集才是人生的真相。而身为一个悲观主义者最大的悲哀就是，在他看来，即使后来得到的再多，也弥补不了他交臂而失的遗憾。

我猜想，或许是在失去小表妹以后，他才给自己取字为"容若"。容若，一个美丽而感伤的名字。"若"也就是如果、假若的意思，所有的伤感，几乎都是从"如果"这两个字开始的。

如果你我不曾相见，就不会相恋；

如果你我不曾相恋，就不会相别；

如果你我不曾相别，就不会相忆；

如果你我不曾相忆，就不会相思；

……

可是，哪有那么多的如果？当我们期待假若如何的时候，就说明木已成舟、覆水难收。

容若的后半生，都活在对"假若"的幻想之中：一生满怀热望，一生期望落空。

有一点，其实他比谁都清楚——他和她，再也回不去了。

良妃？惠妃？还是林妹妹的原型？

关于容若热恋的女子入宫之说，最早的记载出自清代的《赁庑笔记》：

"纳兰眷一女，绝色也，有婚姻之约，旋此女入宫，顿成陌路。容若愁思郁结，誓必一见，了此宿因。会遭国丧，喇嘛每日应入宫唪经，容若贿通喇嘛，披袈裟，居然入宫，果得一见彼姝，而宫禁森严，竟如汉武帝重见李夫人故事，始终无由通一词，怅然而去。"

这位清代的无名氏还引出容若的侧帽词为证："又容若侧帽词减兰六阕，与此一一吻合，第三阕即指入宫事，词云：'相逢不语，一朵芙蓉著秋雨。小晕红潮，斜溜鬟心碍凤翘。待将低唤，直为凝情恐人见。欲诉幽怀，转过回阑叩玉钗。'以此引证，妃子之说，尤为有力。"

这位入宫的女子到底是何身份？有人指出他所恋者正是其表妹，《红楼梦》中的宝、黛爱情就是以此为原型：

"《红楼梦》中的宝玉，相传即为纳兰性德，黛玉未嫁，何以称潇湘妃子？第一百十六回，宝玉重游幻境，梦入宫殿，见黛玉非人世服，惊呼林妹妹。侍者谓此王者妃，非林妹妹云云。黛玉不知何许人，盖与纳兰为表兄妹，曾订婚约，而选入宫。纳兰念之，曾因宫中唪经，纳兰伪为喇嘛僧，入宫相见。彼固不知纳兰之化装而入也，书中所云盖谓此。"

民国时的女学者苏雪林更是言之凿凿地论证说，纳兰所爱的这位女子，就是他的"中表或姨表姐妹"，并考证出她姓谢，和林妹妹一样曾住在一个苔痕满地、竹声隐隐的院子里，也和林妹妹一样爱哭，爱吟诗填词。苏雪林的说法并非空穴来风，但未免失之偏颇，比如她说纳兰词中几乎所有伤悼之作都为此表妹所作，那就太过以偏概全了。至于她说表妹姓谢，更是有悖常理。谢娘在诗词中常常代指心爱女子，并非指此女一定姓谢，况且纳兰表妹应为旗人，谢却是汉人的姓。

纳兰所爱的女子若真的入宫的话，那么他的情敌就是赫赫有名的康熙皇帝了。纳兰和康熙，这两个人的身份实在太过传奇，如果他们真的爱上了同一个女子，会发生怎样缠绵悱恻的故事呢？

小说《寂寞空庭春欲晚》就是围绕这样一场"三角恋"展开的，根据小说中的设定，康熙和纳兰这对君臣争夺的女子，名叫卫琳琅，她本是容若的表妹，两人一起长大，后因父兄获罪被籍没入宫，沦为浣衣奴，因一曲箫篪合奏与康熙结缘。最后却因恩宠过度，孝庄太皇太后怕康熙重蹈其父顺治的后辙，非常不喜欢琳琅，康熙又察觉到她对纳兰尚未忘情，因此不得不慢慢疏远了她。

"寂寞空庭春欲晚，梨花满地不开门"。我猜想作者之所以取这个书名，大概是因为从这两句诗中获得的灵感。

小说中的琳琅，是康熙可望而不可即的白月光，也是印在容若心中的一颗朱砂痣。他始终念念不忘，"当年与她赌词默韵，她一时文思偶滞，便只是抚着廊柱出神，或望芭蕉，或拂梨花。

不过片刻,便喜盈盈转过身来,面上梨窝浅笑,宛若春风。"

"梨窝浅笑,宛若春风",多么美妙的形容!真实的良妃,确实也如小说中描写的那样,体态轻盈,容颜绝色。《清代十三朝宫闱秘史》里说她"美艳冠一宫,宠幸无比",又说她"体有异香,洗之不去",即使"唾液亦含芬芳气"。这些传说难免夸张,但是反映出她的确是位美丽出众的女子,不仅在宫中闻名,在民间也很有名。不然的话,她也无法从辛者库的浣衣奴晋升为康熙五妃之一。

但良妃本是内管领阿布鼐之女,阿布鼐是上三旗的包衣出身,和纳兰家族没有任何亲属关系,说她是容若的表妹,纯属子虚乌有。唯一相同的是,两人都出身于满洲正黄旗,可一个是公子贵胄,一个是包衣奴才,身份地位悬殊,很难有什么交集。

看来说良妃是容若所爱之人的,应该是小说家。戏说再美,终究也只是戏说。

康熙的后妃在五十五人以上,是清朝诸帝中最多的。在这个庞大的后宫中,确实有一位出身于纳兰家族的妃子,她就是惠妃。

惠妃和容若,都是金台什的曾孙辈;容若父亲明珠与惠妃父亲索尔和是同祖父的堂兄弟。如此算来,惠妃和容若不是表兄妹,而是堂兄妹。作为亲戚,在入宫之前,他们很有可能认识,甚至互相走动过。

惠妃入宫极早,康熙九年(1670)就生下了皇子,入宫的时间当然更早。康熙九年,容若才刚刚十六岁。不过考虑到古代人远比现代人早熟,康熙十二岁就大婚了;宝玉与袭人初试云雨情时也不过十一二岁;若说容若与入宫前的惠妃有过一段朦胧情事,也是有可能的。

但惠妃为人极为机警谨慎，善于自保，她生下的皇长子允禔与太子有了储位之争，她惊惧之下，将儿子的异常举动汇报给了康熙。允禔虽被幽禁，惠妃却因举报有功而得以善终。这样一个对皇帝敬畏有加的女子，入宫之后是绝无可能与容若密会宫中的。

不管是良妃、惠妃，还是林妹妹，这些都只能看作一种猜测，现在我们已经无法确认，容若所眷爱的那个女子究竟是谁。唯一可以肯定的是，他有过一段青梅竹马的恋情，如同我们绝大多数人的初恋一样，这段恋情并没有修成正果。

在很多人眼里，纳兰公子是完美的。可谁曾想到，完美的纳兰公子，也和我们普通人一样：曾饱受失恋的折磨，也曾尝遍了爱而不能、求而不得的痛楚。

正是这种"求而不得"，造就了纳兰词独一无二的缺憾美。他写过很多爱情词，这些词中最特别的一类，都是写爱情的被隔阻。美人如花隔云端，他的词里，总是有这样一个碰不到、触不着的人。

这些词就像李商隐的无题诗一样：如珠有泪，如玉生烟，恍惚迷离，就像一个难解的谜。李商隐的情事，素来争议众多，为李商隐作传的董乃斌说过："追究诗人爱的、赞的这人是谁，实属多事。"他还说："不必有其事，不妨有其情，有其词。"

"不必有其事，不妨有其情，有其词"，说得多好啊！我们也可以移之用来评价纳兰的爱情词，何必去追究他追忆的是什么事，怀念的又是什么人呢？！只要他词中的感情是真的就够了。

"而今才道当时错，心绪凄迷。"我们为什么会被纳兰词中的感情深深打动？可能就是因为，我们每个人心中都深埋着一个求而不得的人吧。

这个求而不得的女子,成了容若一生的隐痛。关于她的下落,有说她晋为妃嫔,逐渐断了音讯的;也有说她在宫中以泪洗面,短短几年后就香消玉殒的。我更倾向于后面这种说法。

容若是个长情的人,尽管后来他遇到了一生中的挚爱,可他在心中的一角,一直留了个位置给他这位擦肩而过的恋人。令他倍感折磨的是,他可以光明正大地悼念妻子,却没办法给予这位初恋以同样的待遇;只有将那份感情密密地织进词里,借此来一吐他婉曲难言的心事。

他的词中,出现了那么多若有所指的典故,如"玉钩斜",这个埋葬了无名宫女的坟墓,不止一次出现在他的诗词里。还有"重圆密誓",他们本来约定要破镜重圆的,可惜天不遂人愿。

回廊成了他忆念旧情的地方,多年以后,他在回廊附近的花径中捡到一只翠翘,认出来是表妹遗落之物,写下了这样的断肠之句:

> 回廊一寸相思地,落月成孤倚。背灯和月就花阴,已是十年踪迹十年心。

距离他们相识已经过去了十年,在这十年里,他还是无法完全忘记她。

又过了一年,他又来到表妹住过的庭院凭吊旧情,回首往事,这次他的感慨:

> 此情已自成追忆,零落鸳鸯。雨歇微凉,十一年前梦一场。

昔日的甜蜜,原来只不过是做了场美梦。梦醒了,只剩下他一个人孤零零地留在这世间。

"此情可待成追忆,只是当时已惘然"。失恋的痛楚终将淡去,而它带来的这种怅惘,却将伴随他终生,再也挥之不去了。

第三卷 科举：万春园里误春期

国子监的十七岁

康熙十年（1671），北京城国子监来了位新学生，这位年轻人温文尔雅，举止彬彬有礼，只是眉宇间像是笼着一层轻愁般，在苦读的间隙，偶尔会望着窗外的杨花出神。这一年，他年方十七岁。

这位年轻人，就是刚刚挥别了初恋的容若。失恋的阴影还未散去，可这些伤痛只能暗地里消化。父亲明珠刚刚晋升为兵部尚书，他知道，此刻不能让父亲失望，唯有打起精神振作起来。

国子监始于隋朝，是中国古代教育体系中的最高学府，在有些朝代被称为太学。宋代女词人李清照的丈夫赵明诚，就曾是一名太学学生。

与以前的朝代相比，清朝尤为重视国子监。顺治九年（1652），清世祖福临亲自视察国子监，以后历代相沿，成为定制，称为"临雍讲学"。康熙年间，清圣祖玄烨为国子监题写"彝伦堂"匾额，并重修国子监。

无论在哪个朝代，能够入国子监就读，对于年轻学子来说都意味着无上的荣耀。清代国子监的学生人数最多时也不过三百人，数量远少于明朝。必须通过考试，才能获得入国子监读书的资格。

国子监为何如此难进？因为它是学子们踏上仕途的一条捷径。

清代文人的仕途，一般是通过科举考试，由秀才经乡试而成举人，由举人经会试而成为贡士，再由贡士经殿试而成为进士，授为翰林，然后外放为官。除此之外还有一条出路，就是通过考试或捐纳，进入国子监，成为贡生或监生，然后被授予官职。

当容若第一次走进位于北京安定门内的国子监时，看着入口处那四面金碧辉煌的牌楼，一股敬畏之情不禁油然而生。他从小就是读着儒家经典长大的，对儒家文化有着天然的敬畏；而国子监，这座由朝廷主管的皇家学院，相当于儒家文化的缩影，随处可见到儒家文化的烙印。

在自家院子里散漫惯了的容若，头一次在如此正规森严的学府中就读，可想而知他有多么激动。很多其他人司空见惯的细节，在他看来都新奇无比，比如那十面雕刻着奇特花纹的石鼓，鼓面上还刻着字，字迹古老得谁也辨识不出。他经常徘徊在这十面石鼓之间，认定它是从三代流传下来的神奇法物，还为此写了一篇长长的考证文章。

同学们不仅惊异于容若对这十面石鼓的狂热，还惊异于一个满洲的贵族青年，居然对汉文化有着如此发自肺腑的倾慕。

自古豪门多纨绔，容若却显然不同于那些不学无术的纨绔子弟。他对富贵奢侈的生活并无多大兴趣，而是发自内心地酷爱读书，愿意在学问上苦下功夫。

在那个豪门贵胄的圈子里，容若显得有些格格不入，有人说他"虽履盛处丰，抑然不自多。于世无所芬华，若戚戚于富贵而以贫贱为可安者。身在高门广厦，常有山泽鱼鸟之思"。平常在家的时候，他总是"闭门扫轨，萧然若寒素"，家中举办宴会，招待客人时，他常常避开这些热闹，一个人"拥书数千卷，弹琴咏诗，自娱悦而已"。

好友顾贞观后来评价他"以风雅为性命"，不同于大多数人的附庸风雅，容若的确是以风雅为性命，对书史的钻研到了酷爱的地步。

用我们现代的眼光来看，容若在文艺的领域堪称全才，徐乾学称他"才舞象勺，已通六艺"，舞勺之年指男孩子十三岁至十五岁，可见他才十几岁时，就已经精通礼、乐、射、御、书、数这六艺了。他不仅能写一手锦绣文章，还善书法、通绘事、喜收藏、精鉴赏、懂音律，《八旗文经》中提道："纳兰容若工书，妙得拨镫法，临摹飞动。"

叩这些技艺，在正统的儒家知识分子来看，都是些锦上添花的小玩意儿，用贾政批评宝玉的话来说，只不过是学了些"精致的淘气"，算不了正业。那么正业是什么？是科举、是功名、是八股文的作法。

容若在国子监时，主要就是读四书、五经之类的书，学作八股文章，练习端正严谨的楷体。很明显，对于一个生性向往无拘无束的学生来说，这样的课程未免太过枯燥乏味，也太缺少挑战性了。

从容若少年登科的表现来看，他的应试文章应该写得不赖；但若说作这样的文章能够得到多少乐趣，就只有天晓得了。

他最大的乐趣，还是只能从被人们看成"小道"的诗词中获得。

正是在他入读国子监的那一年，文学界发生了一件大事，那就是闻名遐迩的"秋水轩唱和"。

"秋水轩唱和"是词史上的一大盛事。秋水轩，是文人孙承泽在京郊的别墅，康熙十年（1671），词人周在浚前来拜访他，在此小住了一段时期。其他朋友被周在浚的名气吸引，也纷纷来访，秋水轩一时成了文人墨客云集之处，大家在一起饮酒作乐，填词助兴。

有一天，前来造访的曹尔堪看见秋水轩的墙壁上写着不少应酬唱和之作，一时技痒，在旁边写下了一首《贺新凉》（又名《金缕曲》）。在座的文人见了，纷纷响应，周在浚、纪映钟、徐倬等人都写了唱和的词，全用《贺新凉》这个词牌，每处韵脚都和最初填词的曹尔堪所用的一样，每句的最后一个字依序是"卷、遣、泫、茧、浅、展、显、扁、犬、免、典、剪"，这叫作"步韵"。

发展到后来，连当时的文坛盟主龚鼎孳也词兴大发，加入了步韵的队伍。秋水轩唱和的影响力从京城扩散开来，波及全国，一时唱和者如云，京城的词人不断赶往秋水轩，不能亲至的也投书而至。

这场唱和最大的贡献是将"稼轩风"推广到了大江南北，当时的京师名流们，填词多学辛弃疾，《贺新凉》这个词牌，的确也适合稼轩体的雄壮悲凉。

后来，周在浚把这些唱和的词辑录成册，编为《秋水轩唱和词》，一共二十六卷，共收录二十六位词人的一百七十六首词，纳兰容若的词作，赫然列在其中。

我相信，容若亲自去了秋水轩，他本来就住在京城，又躬逢其盛，不大可能错过这样的机会。

那是一个月夜，热闹多时的秋水轩终于恢复了寂静；月色黄昏，暗香浮动，疏朗的花影铺了一地。素来持重的容若忽地词兴大发，拿出笔来一挥而就，就在众多词坛名宿所作的词旁边，写下了属于他的那一阕：

疏影临书卷，带霜华、高高下下，粉脂都遣。别是幽情嫌妩媚，红烛啼痕休泫。趁皓月、光浮冰茧。恰与花神供写照，任泼来、淡墨无深浅。持素障，夜中展。

残缸掩过看逾显。相对处、芙蓉玉绽，鹤翎银扁。但得白衣时慰藉，一任浮云苍犬。尘土隔、软红偷免。帘幕西风人不寐，恁清光、肯惜鹓裘典。休便把，落英剪。

书卷上映着疏朗的花影，花色带着霜华，高高低低，看不到一点鲜艳的颜色。这月下的花枝，别具一种幽情和妩媚，无须持烛高照。月光照在花瓣上，如同照在洁白的冰茧纸上一样。花的影子投照在素色的障布上，其神韵就如一幅泼墨写意画。

"恰与花神供写照""别是幽情嫌妩媚"，皆是一面写花，一面自喻。容若词中所咏的这一树花枝，就像他本人一样：高洁出尘，没有半点人间烟火气。

这样一首《贺新凉》，放在《秋水轩唱和集》中与其他词坛前辈的词作一对比，也自有特色，别树一帜。王国维说过，"主观之诗人不必多阅世，阅世愈浅则性情愈真"，与前辈们相比，容若还没有经过那么多风雨忧患，这让他的词少了一些沧桑的人生况味，却保留了一颗更加婉转轻灵的词心。

"他人之词，词才也；少游，词心也。"这句乔笙巢对秦少游的赞誉，也可以用来评价容若。

词才易得，词心难求。只有天生拥有一颗词心的人，才会对万事万物有着更敏锐的感受，才能够准确地捕捉到并写出那些细密幽微的情绪。

容若的这阕词,随着《秋水轩唱和集》的问世,悄然流行于京城的文人圈子中。待字闺中的京城少女,一遍遍地读着"疏影临书卷"的句子,暗自猜想着能写出这般词句的人,该是怎样的丰神俊朗?

"但得白衣时慰藉,一任浮云苍犬",在这里,容若用了"白衣送酒"的典故:陶渊明辞官隐居,生活清贫,有一年重阳节,因无钱买酒,只好一个人在篱笆边采摘菊花,忽然有一个白衣人从天而降,说是奉江州刺史王弘之命送酒给他喝的,陶渊明大喜,立即开坛畅饮。

十七岁的容若,家世显赫,才华横溢,他什么都不缺,只是有点寂寞。他希望能如陶渊明一样,有一个像王弘那样未曾谋面已然倾心的知己。

如果真的有这样的知己,那么也一定只能出现在秋水轩中,而不是国子监内。国子监和秋水轩,构成了少年容若的两个世界,一个现实,一个诗意。他站在现实世界的这端,向往的却是那个流淌着酒与诗的世界。

他那时还无法预料到,不久之后,那个世界的大门将彻底为他打开;他的名字,将如他所敬仰的龚鼎孳、周在浚等人一样被载入词史,甚至比他们的名字还要响亮。

可此时他还是得把更多的时间花在现实世界里,有一件事促使他不得不从诗词中暂时抽离出来,集中精力去应对——即将到来的科举考试。

情到深处人孤独：纳兰容若词传

吾幸得师也：勿欺

　　康熙十一年（1672）八月，容若施施然地走进了当年顺天府的考场，参加了当年的乡试。身为国子监的学生，父亲又是当朝权臣，他完全可以走一条科举之外的"捷径"入仕，可是他并没有这样做，而是毫不犹豫地选择了这条从隋唐时就开始传承下来的科举之路。

　　对于科举，清朝统治者和元朝统治者的态度完全不一样：元朝曾一度废除科举，清朝却大力提倡科举。清朝的皇帝们早就认识到：要治天下，关键在于得民心；士为四民之首，要得民心，首先就要得士人之心，尤其是名士之心；科举，正是收揽士心的一大手段。

　　民间有个传说，说康熙曾乔装成一个士子，参加了某一年的科举考试，并轻轻松松地拿了个探花。据清史专家阎崇年考证，康熙以天子之尊，不可能有这样的儿戏之举，不过也能从中看出，在民众眼里的康熙，是重视科举、认同汉文化的。

　　容若对汉文化的热爱，与康熙相比只能说有过之而无不及。他选择参加科举毫不奇怪，如果说其他考生走这条路是为了博取功名，他的目的则是博取认同，包括文化上的认同和才华上的认同。

　　尽管和宝玉一样，容若也学得了一身"精致的淘气"，但他并不满足于做个像宝玉那样的"无事忙"和"富贵闲人",而是想要在仕途上大展拳脚。这最佳的第一步,自然是参加科举了。

有备而来的容若,毫无悬念地通过了顺天府的乡试,这一年他才十八岁,几乎是当年最年轻的举人,对比下吴敬梓笔下的范进那么大岁数才中举,就知道容若有多么优秀。

顺天府乡试不仅让容若才名远扬,还让他结识了一个对他影响深远的人,那就是徐乾学。

徐乾学,江苏昆山人,出身于书香门第,舅舅是明末清初的大儒顾炎武。昆山徐家兄弟,号称"一门三鼎甲",三兄弟中出了一个状元,两个探花。身为昆山三徐之首,徐乾学在康熙九年(1670)得中探花,被授翰林院编修。容若参加的那一届顺天府乡试,徐乾学正是主考官之一。

乡试放榜之后,按照规矩,容若和一班新晋举人要前去京兆府堂上拜访徐乾学。徐乾学早就听时任国子监祭酒的三弟徐元文说过,明珠有个儿子在国子监就读,看得出不是寻常之辈。一见之下,果然名不虚传,满座青袍举人之中,唯独容若举止闲雅,进退有度,出身良好的世家公子风采展露无遗。

容若也久慕昆山徐乾学的大名,三天之后,特意单独来到徐府登门拜访,向他请教经史原委及文体正变方面的问题。倾谈之下,彼此都惊异于对方的学识。在徐乾学看来,容若年纪虽轻,但天资过人,学问出众,连饱学宿儒也有所不及。在容若看来,徐乾学也确实是满腹经纶,加之态度和蔼,妙语连珠,令他如沐春风。

随着年龄的增长,容若越来越急切地盼望,能有一位德才兼备的老师,在各方面予以自己指导。直至拜谒了徐乾学之后,他蓦地福至心灵，认为这就是他苦苦寻觅的良师。初次倾谈之后，他按捺不住满腔的激动，提笔给徐乾学写了一封长长的信：

> 某以谫才末学，年未弱冠，出应科举之试，不意获受知于钜公大人，厕名贤书。榜发之日，随诸生后，端拜堂下，仰瞻风采，心神肃然。既而屡赐延接，引之函丈之侧，温温乎其貌，谆谆乎其训词，又如日坐春风，令人神怿。由是入而告于亲曰：吾幸得师矣！出而告于友曰：吾幸得师矣！即梦寐之间，欣欣私喜曰：吾真得师矣！
>
> 夫师，岂易言哉！古人重在三之谊，并之于君亲。言亲生之，师成之，君用而行之，其恩义一也。然某窃谓师道至今日亦稍杂矣。古之患，患人不知有师；今之患，患人知有师而究不知有师。夫师者，以学术为吾师也，以文章为吾师也，以道德为吾师也。今之人谩曰：师耳，师耳，于塾则有师，于郡县长吏则有师，于乡试之举主则有师，于省试之举主则有师，甚而权势禄位之所在，则亦有师。进而问所谓学术也，文章也，道德也，弟子固不以是求之师，师亦不以是求之弟子。然则师之为师，将仅仅在奉羔、赞雁、纳履、执杖之文也哉！
>
> 洙泗以上无论已。唐必有昌黎而后李翱、皇甫湜辈肯事之为师。宋必有程朱而后杨时、游酢、黄干辈肯事之为师。夫学术、文章、道德，罕有能兼之者，得其一已可以为师。今先生不止得其一也。文章不逊于昌黎，学术、道德必本于洛闽，固兼举其三矣，而又为某乡试之举主，是为师之道无乎不备，而某能不沾沾自喜乎？

先生每进诸弟子于庭，示之以六经之微旨，润之以诸子百家之芬芳，且勉之以立身行己之谊。一日进诲某曰：为臣贵有勿欺之忠。某退而自思，以为少年新进，未有官守，勿欺在心，何裨于用，先生何乃以责某也？及退而读史，宋寇准年十九，登第时崇尚老成，罢遣年少者。或教之增年。准不肯曰：吾初进取，何敢欺君。又晏殊童年召试，见试题曰：臣曾有作，乞别命题，虽易构文，不敢欺君。然后知所谓勿欺者，随地可以自尽。先生固因某之少年新进而亲切诲之也，某即愚不肖，敢不厚自砥砺奋发，以庶几无负大君子之教育哉！承示宋、元诸家经解，俱时师所未见，某当晓夜穷研，以副明训。其余诸书，尚望次第以授，俾得卒业焉。

——《上座主徐健庵先生书》

从这封"拜师信"中，可以看出容若得遇名师之后，那种欣喜得难以自制的心情。他完全为徐乾学饱学大儒的风采折服了，回到家里第一件事就是跟父母报喜："我有了一位好老师！"出门就忍不住跟朋友说："我有幸得到了一位好老师！"就连晚上睡觉，都还在暗暗窃喜："我真的得到了一位好老师！"

遇到了名师的他，就像小孩子得到了心爱的玩具一样，忍不住向周围所有的人再三炫耀。这样的容若，十分孩子气，也十分可爱。

今天的学子，对老师的感情可能不如古人深刻，也很难理解容若为何如此喜不自胜。在古代，老师的地位尊崇，"天、地、君、亲、师"五者并列，可见对老师的重视。"师者，所以传道、授业、解惑也"。不同的学生选择老师的理由各不相同：有的是冲着老师的地位去的；有的只是想借用老师的人脉；容若很看不惯那种出于功利目的攀附权贵为师的风气。他心目中理想的老师，是学术、道德、文章兼备，可惜古风已逝，这样的老师很难再找到了。

所以在见到徐乾学之后，他才会如此惊喜，因为徐乾学完全符合他心目中理想老师的标准：学术、道德、文章三者兼备。徐乾学确实是人中龙凤，昆山三徐中，以他名气最大，地位最高。康熙曾亲题御笔，夸他是博学明辨、光焰万丈的一代名儒。能有幸在这等良师座下受教，容若怎能不沾沾自喜？

有研究者认为，徐乾学之所以将容若纳为门生，是为了攀附日渐飞黄腾达的明珠。的确，正是通过结识了容若，徐乾学才成为明珠集团中的得力干将，在扳倒索额图的斗争中，他口诛笔伐，发挥了重要作用。

但除却这份攀附之意，徐乾学确实对容若有一份爱才之心。但凡为人师表的，总会欣赏那些真正有才学的学生。徐乾学一生中虽门生无数，但在他看来，论天资之纯粹、识见之高明、学问之淹通、才力之强敏，没有一名学生能够超过容若。

容若更是对徐乾学充满了景仰之情，正如他拜师信中所说："夫师，岂易言哉？古人重在三之谊，（师）并之于君亲。言亲生之，师成之，君用而行之，其恩义一也。"古人有云"一日为师，终身为父"，对于容若来说，"老师"这个称呼不是随随便便就能叫出来的，一旦拜师门下，就意味着师生有着和父子、君臣一样深重的感情。

在容若眼里，徐乾学不仅是他的授业恩师，更是他的精神导师。

徐乾学对他的每一点教诲，他都由衷地记在了心上。初入徐乾学门下，徐就叮嘱他说，"为臣贵有勿欺之忠"。初聆师训，容若还不是很明白什么叫作"勿欺之忠"。直到他后来读史书，读到北宋名相寇准和晏殊的故事，才恍然大悟。

寇准十九岁进士及第，当时的官场风气崇尚老成，轻视年少者，有人便劝寇准将年龄改大点，好增加被重用的机会，寇准却严词拒绝："吾初进取，何敢欺君！"

晏殊十四岁就以神童应召，一路过关斩将，顺利地到达了殿试这一关。殿试由皇帝亲自出题，晏殊拿到试题一看，见竟是自己以前写过的题目，当即启奏皇帝，说写过同样的题目，请皇上另外命题，理由和寇准一样，也是"不敢欺君"。

"勿欺之忠"也许只是徐乾学教诲门生时信口所说的一句老生常谈，结果却让容若大为震动，并奉之为贯彻终生的座右铭。

"勿欺"，不仅是为人臣子的一大标准，更是衡量一个人是否是君子的重要标准。

君子是儒家推崇的理想人格，在《论语》中，讨论君子与小人的就有十六句，这给中国人一个不太好的印象，好像儒家对君子的要求很多，很麻烦。其实，用儒家的标准做一个君子，只有一个终极条件——真诚。小人通常表里不一，君子却力求表里如一。

如果一个人能够做到克己、慎独，慎终如始，言行一致，那就差不多能达到君子的标准了。

容若，就是这样一个笃诚君子。父亲明珠和老师徐乾学教会了他许多处世之道，却唯独没有教会他虚伪。其实虚伪是不需要教的，当许多人进入成人世界之后，自然会明白在显性规则之外，还另有一套潜规则。人们嘴里说的是一套，做起来又是另一套。

唯有容若，待人真，作词真，写景真，抒情真，无事不真，无语不挚；在他的世界里，容不下半点矫情和伪饰。他可能很难想象，口口声声说要做国之栋梁的父亲明珠，私底下也会拉帮结派；就连教导他"为臣贵有勿欺之忠"的老师徐乾学，又何尝没干过背着皇帝卖官鬻爵的勾当呢？

只有容若所信奉的，和他所执行的，从来都是一致的。他这一生，真的做到了勿欺于人，勿欺于心；他不仅忠于师友，也忠于自己的心。

一个学不会虚伪的人，注定会在钩心斗角的世间活得艰难。但正因这份至情至性，容若才收获了那么多人由衷的喜爱。当他不幸早逝后，连不认识他的人闻讯后都前来送灵，为之流泪。

人人都爱纳兰公子，因为在他的身上，还保留着一份孩童式的纯真，全无心机，一片赤诚，而这种纯真，早就被大多数人丢弃了，丢弃在长大成人之后。

容若，则是成人世界中唯一的赤子。在某种程度上，我们可以说，他从未长大，这何尝不是一种幸运。

万春园里误春期

在所有的季节里,容若最爱春天,春天万物复苏、草长莺飞,总给人以欣欣向荣的感觉。可康熙十二年(1673)的春天,留给他的却是遗憾。北国春迟,他记得,那一年的春天来得比以往要晚一些,已经是三月了,柳树还没有吐新芽,迎面吹来的风还是有些料峭。

就在这三月的倒春寒里,容若被一场来势汹汹的疾病击倒了。这场病来得好不巧,在此之前的二月,他已经通过了会试,顺利闯到了最后一关殿试的门前。按照他本人的才学和父亲的背景,照说夺取功名应如探囊取物了,可天公不作美,偏偏让他在这个时候生了病。

容若生的病叫"寒疾",寒疾是中医的说法,指因感受寒邪所致的疾病,症状为畏寒、发热、头痛、呕吐等,照这些症状来看,极有可能是现代所说的伤寒或肺炎。在古代,寒疾是一种棘手的疾病,发病时十分凶猛,医生往往束手无策,而且非常容易复发。这种疾病纠缠了容若一辈子,像一个难以摆脱的恶魔,一点点吞噬了他的生命力。

久治不愈的慢性病容易让人心情抑郁,清朝有位才女叫秋芙,也是身患寒疾，经常复发，饱受病痛折磨的她曾感叹说："人生百年，梦寐居半，愁病居半，襁褓垂老之日又居半，所仅存者，十一二耳；况我辈蒲柳之质，犹未必百年者乎？"

如果容若听到了秋芙的这番感言，一定会心有戚戚吧，尤其是在他第一次罹患这种疾病的时候。寒疾的人不能受风，也就无法出门应考，卧病在床的他只能眼睁睁地看着其他人参加殿试，蟾宫折桂，夺取本该属于他的荣耀。

殿试的结果很快出来了，那一年的状元叫作韩菼。他是容若的好友，在此次考试中的经历堪称传奇。清代科举设为三关，分别是乡试、会试、殿试。韩菼参加顺天府乡试时，本来没有考中，是徐乾学在遗卷中选取了他的试卷，这才有了继续攻关的资格。第二关会试时，他一举考取了第一名，称为会元。到第三关殿试时，在时务策策文中，他指斥三藩拥兵自重，图谋不轨，应尽快撤销，得到了康熙的激赏，亲自在他的卷首题上了"第一甲第一名"六个字。

韩菼就这样神奇地成了清代第十四位状元，得知容若因病不能参加殿试后，他写了一组诗给好友，诗中说道："李广负才气，勇敢莫不闻。弯弓挟大黄，射雕安足云。奈何遭数奇，望气亦虚言。生不逢沛公，不得策高勋……"

李广不封缘数奇。容若知道，韩菼这是将他比作飞将军李广，安慰他这次因病误考，只是时运不济，以他的才学，夺取功名不过是迟早的事。

好友的慰藉让容若有所释怀，但在这个春天，眼看着其他学子进士登科，春风得意马蹄疾，一日看尽长安花，自己却因病错失，只能等待三年后的下一次考试，心里难免有几分失意，于是写下了这样一首诗：

晓榻茶烟搅鬓丝，万春园里误春期。
谁知江上题名日，虚拟兰成射策时。
紫陌无游非隔面，玉阶有梦镇愁眉。
漳滨强对新红杏，一夜东风感旧知。
——《幸举礼闱以病未与廷试》

一句"万春园里误春期"将容若所有的遗憾和无奈表现得淋漓尽致——命运弄人，这个春天，本该属于他的春天，却因一场疾病，无奈地错过了明媚春光。他设想着，如果他没有病倒，一定也会像韩菼一样，站在太和殿前力陈时弊，挥斥方遒吧。

"紫陌无游非隔面"，说的是新科进士们一起热热闹闹地在北京城的大街上游行。"玉阶有梦镇愁眉"，则是说自己却无缘玉阶面圣，只能躺在病床上愁眉紧锁。"漳滨强对新红杏，一夜东风感旧知"，红杏是功名的象征，古人常以摘取红杏比喻夺取功名，最后这句诗的言外之意是，面对新晋为状元的好友韩菼，他的内心百感交集。

失意的人看什么都不顺眼，红杏让他失落，连窗前的桃花也让他伤感，这首《采桑子》很可能就写于此时：

桃花羞作无情死，感激东风。吹落娇红，飞入闲窗伴懊侬。
谁怜辛苦东阳瘦，也为春慵。不及芙蓉，一片幽情冷处浓。

从表面上来看，这只不过是一首伤春之作，实质上不仅是伤春，也是在伤怀。

又到一年春尽处，桃花已经开始谢了，它是如此多情，不甘心就此凋零。幸好还有那东风，将那片片娇红吹落，飞入窗棂，让它来陪伴窗中这个忧伤的才子。

"谁怜辛苦东阳瘦"，上片是怜花，下片则是自怜，缠绵病榻的容若，见到这飘零于风中的桃花，不禁起了同病相怜之心，他就像这暮春的桃花一样，一天比一天消瘦，也一天比一天憔悴。"东阳"指的是南朝诗人沈约，沈约和潘安一样是著名的美男子，以纤瘦、俊美闻名，后世常以"沈腰潘鬓"代指美男子，沈腰就是说人腰肢纤细。

这翩翩少年为何会如此憔悴？最后一句揭开了谜底，"不及芙蓉，一片幽情冷处浓"，既是在感叹桃花的香味比不上芙蓉花，也是在感叹自己的命运不济，比不上那些新晋进士。"芙蓉"不单指芙蓉花，也令人想起芙蓉镜。芙蓉镜，即形似芙蓉的镜子。相传唐代李固在考试落第之后游览蜀地，遇到一位老妇人，预言说："郎君明年芙蓉镜下及第。"第二年，李固果然如言及第。"芙蓉镜"从此就成了士子们一举折桂的象征。

容若这是借桃花和芙蓉来吐露自己满怀的失意和懊恼。

功亏一篑的确令人遗憾，但在其他人看来，这并不是件太大的事，毕竟他才十九岁，还有似锦前程。父亲明珠很看得开，对外人说："我儿子还很年轻，以后再参加考试也不迟。"容若却百般伤怀，深陷于自怜自艾的情绪之中无法自拔。

这只能说明，人和人的感受能力是不一样的。记得以前看豌豆公主的故事，我特别不喜欢这位娇滴滴的公主，觉得她太过挑剔做作，竟然因为二十床垫子之下的一颗豌豆而失眠，简直矫情得可怕。直到多年后重读，我忽然体会到，安徒生写的并不是一个简单的童话，而是一个寓言，一个关于感受力的寓言。我们可以把那颗豌豆看成人活在世上的各种琐屑的烦恼，大部分人能够平静地躺在烦恼之上安然入睡；少部分人可能会觉得睡得不太舒服；只有极个别感受力最为敏锐的人，才会觉得被硌得非常不舒服，难以入睡。

豌豆公主的故事当然是虚构的，但世上确实存在着极少数感受力相当发达的人。和常人相比，他们的神经格外纤细，感受格外锐敏。这样的人，总是能从一片叶子的坠落中嗅到秋天的气息，从一朵花的凋零中发出人生如梦的感慨。极度敏感的人，就像一个赤身露体行走在丛林中的人，注定要被荆棘刺得伤痕累累。那些早早地给自己披上了盔甲的人，是无论如何也不能理解敏感者的痛苦的。

那个春天，身为世上为数不多的极度敏感者之一，容若陷入了常人无法理解的烦闷之中。他的苦恼，不仅是因为自己的失意，更是因为没有人懂得他的失意。

就在这时，他收到了一份礼物，那是一篮子樱桃，红得娇艳欲滴。容若很喜欢吃樱桃，写过"深巷卖樱桃，雨余红更娇"的词句。这一篮子小小的樱桃，对于病中的他来说意义尤其重大。每逢新科放榜的时候，正是樱桃成熟时，从唐朝开始，皇帝就喜欢将樱桃赐给新晋进士们，名叫"樱桃宴"；到了明清时，进士们偶尔也能吃到皇帝赏赐的樱桃。

樱桃虽轻,情意却重。送樱桃的是个有心人呀,像是知道他的心事,所以送给他一篮子鲜红可爱的樱桃,让他享受下和新晋进士一样的待遇。

为了答谢这个有心人,容若写下了一首题为《临江仙·谢饷樱桃》的词:

绿叶成阴春尽也,守宫偏护星星。留将颜色慰多情。分明千点泪,贮作玉壶冰。

独卧文园方病渴,强拈红豆酬卿。感卿珍重报流莺。惜花须自爱,休只为花疼。

词中感谢的这个有心人究竟是谁?有人认为樱桃是老师徐乾学送给他的,表明在徐乾学的心目中,容若就是当之无愧的新科进士。更多的人则认为这是宫中女子所赠,很有可能就是容若那位表妹。

我更赞成后面这种说法。认为是徐乾学所送的人,大多是依据词名"谢饷樱桃"中的那个饷字,饷也就是馈赠的意思,其实更多见于平辈相赠,未必一定是长辈所赐。唐诗中常见饷鱼、饷酒之类,这里的"饷",并不是专门用于长辈赐予后辈。还有人论证说这是因为徐乾学熟知樱桃宴之说,故以此来宽慰容若;殊不知,容若表妹本就是饱读诗书之人,怎能不知道这个典故?

仅从词的风格、用语来看,这也更像是一首写给情人的词,其中充满了与情爱有关的意象,如守宫、红豆等,隐含着一种缠绵不尽之意。"强拈红豆酬卿",以容若对老师的敬重,不大可能以"卿"称之。

所以我更相信，那一篮子樱桃，很可能就是出自宫中。据伺候过慈禧的宫女荣儿回忆，宫中每值樱桃熟时，会分赐一些给宫女，宫女们往往舍不得吃，而是送给家人。

"绿叶成阴春尽也"，和之前分析过的"自惜寻春来较晚"都出自杜牧"寻芳叹晚"的典故。绿叶成阴，春之将尽，树上的樱桃纷纷熟了，它们嫣红的颜色，就像处女臂上所点的守宫砂一样鲜艳。她特意托人送来这娇艳的樱桃，用以慰问他这多情的人。在他看来，这点点樱桃，分明就是她流下的点点红泪。

病中的他有感于这一片盛情，强撑着病体拈起了一颗樱桃。在这黄莺啼遍的时节，他多么想托那流莺带去消息，叮嘱那宫中的人，不要光顾为花心疼，也得善自珍重。

"惜花须自爱，休只为花疼"，我们常常把女人比作花，把男人比作护花使者；容若却反其道而行之，花和惜花人在他的词中是一对特殊的隐语，他常常将自己比作花，而将所爱的女子比作惜花人。

这一篮子凝结着情意的樱桃，恰到好处地抚慰了他的落寞。如果这位送樱桃的有心人真是他的表妹，这很有可能是她最后的馈赠，被那重重宫门锁住的她，其实早已如容若一样病体支离，从此后朱门寂寂，庭院深深，再无消息。

樱桃落尽春归去。花谢了还会再开，春去了还会再来，那么容若呢，还会等到属于他的惜花人吗？

通志堂：才子的另一面

关于人生的福祸得失，老子曾经有句话说"福兮祸所伏，祸兮福所倚"。因病误考，对于容若来说，就是这样一件因祸得福的事。为了三年后一举折桂，他跟随徐乾学发奋苦读，每逢三、六、九日一大早，就骑马到徐府，讲书论史，直到薄暮方归。

一个有心向学，一个倾囊以授，这对师生之间的情谊日渐深厚。有桩逸事可以说明师生间的相得：容若非常倾慕元朝的书画家赵孟頫，有次读到赵孟頫在其自画像上题的诗，大为倾心，便模仿赵孟頫的衣着打扮，给自己也画了一幅自画像。

此时容若正当年少，画像中的公子，自然是风度出众，神采夺人了。他把这幅画像拿给朋友们，得到了大家的一致赞美。可这些溢美之词，大多言过其实，容若听后不以为然。老师徐乾学见了这幅画像后，评论："画中的你风采好像王羲之啊（尔何似王逸少）。"容若听了后大喜过望，认为老师的评语一语中的，从此更以老师为知心人。

徐乾学对容若的最大影响是促成了《通志堂经解》的问世。

"通志堂"是容若的书房名，十九岁的他以"通志"二字为自己的书房命名，可见其雄心勃勃之志。纳兰一家，都酷爱藏书，明珠、容若以及他的二弟揆叙,都是当时有名的藏书家。通志堂落成的时候,容若拥书千卷,大为得意,挥笔写下了《通志堂成》一诗:

> 茂先也住浑河北,车载图书事最佳。
> 薄有缥缃添邺架,更依衡泌建萧斋。
> 何时散帙容闲坐,假日消忧未放怀。
> 有客但能来问字,清尊宁惜酒如淮。

邺架是藏书的别称,唐时白衣宰相李泌之父李承休被封为邺侯,他在家中藏有两三万卷书,勒令子孙每日闭门读书。明珠因藏书丰富,其书斋被人誉为"邺架"。容若在父亲的基础上又广加搜集,书斋的规模已非常人可比,但他仍谦虚地表示,只是"薄有缥缃添邺架"。

如果说容若写下这句诗还只是自谦的话,那么在他参观了老师徐乾学的书房后,就真的领会到什么叫作自愧不如了。

若论藏书之多,书籍之精,容若父子加起来也比不上徐乾学。在江苏昆山,徐乾学拥有一座藏书楼,楼里的书是他经三十年之久,苦心搜罗集聚而成,共装满七个房间,多达数万卷。楼成之日,他召集子孙,郑重其事地说:"我想传一点东西给你们,却不知道传什么好,传土地、房产固然好,但未必代代富有;传珍宝、鼎彝也不错,但后人未必能世世珍藏……"说到这,他庄重地指向了那些书,"想来想去,所传者,唯是矣。"于是,这座楼被命名"传是楼"。

传是楼的美名，容若早就有所耳闻。徐乾学将在昆山的部分藏书携至京城，光是这一小部分孤本、典籍，都足以让他为之目眩神迷。对于这位私淑弟子，徐乾学毫无保留，在容若来访期间，他慷慨地拿出了自家收藏的古籍孤本，告诉容若："这是我花了三十年心力选择和校定而成的典籍，收录的是宋、元学者们对儒家经典的解释。"

容若见了之后，又惊又喜，喜的是居然可以见到如此珍贵的文献；惊的是当许多人对藏书秘不外宣时，老师竟对自己如此信任。"要是能让更多的读书人看到这些典籍就好了。"容若萌生了一个志向，希望能以此为底本，汇编成一套丛书。

这个想法得到了徐乾学的倾力支持，他不仅提供了自己手头拥有的宋、元典籍抄本，还对整部丛书的编撰进行了指导。

有了老师的鼎力相助，容若再无后顾之忧，以极大的热情和心力投入了编撰工作之中。要编撰丛书，需要有过人的学识和财力，徐乾学的学识加上容若的财力，正好能够保证这项宏伟的工程顺利推进。

《通志堂经解》篇幅宏大、卷帙浩繁，全书共一千七百九十二卷，收集了一百四十多种宋、元以来解释儒家经典的书籍，以规模来论，是绝对的鸿篇巨制。书编成之后，容若声名大噪，年纪轻轻就成了知名学者。

这套书在为他赢得巨大声誉的同时，也给他带来了巨大的争议。容若身故数十年之后，康熙的孙子乾隆在评价《通志堂经解》时，认为以此书的规模之大、篇幅之巨，编撰者只可能是一个饱学宿儒，而当时的容若年未弱冠，还只是个"稚子"，怎么可能独立完成如此浩大的文化工程？乾隆认为，实际工作都是徐乾学做的，容若却以主编自居，未免有沽名钓誉之嫌。

事实上，由于明珠及其子揆叙都反对拥立雍正，作为雍正的儿子，乾隆很不喜欢他们。对容若的批评，很有可能就是源自对明珠一家的偏见。

我们只要仔细阅读容若为《通志堂经解》所写的总序，就能够了解到事情的真相。在总序里，容若对经解的由来和编撰说得十分清楚：

"明章之世，天子留意经学，宣阐大义……惜手其书流传日久，十不存一二，余向属友人秦对岩、朱竹垞购诸藏书之家，间有所得，雕版既漫漶断阙，不可卒读，钞本讹谬尤多，其间完善无讹者，又十不得一二。

"间以启于座主徐先生，先生乃尽出其藏本，示余小子曰：'是吾三十年心力所择取而校定者。'余且喜且愕，求之先生，钞得一百四十种，自子夏《易传》外，唐人之书仅二三种，其余皆宋、元诸儒所撰述，而明人所著间存一二，请捐资经始，与同志雕版行世。先生喜曰：'是吾志也。'"

读此序即可得知，容若一直留心于宋、元大儒们对儒家经典的解释，曾托他的朋友秦松龄、朱彝尊搜集各家的著作，可惜好的版本不足十分之一二。他曾向徐乾学提起此事，老师毫无保留地拿出了所藏的相关典籍，他在取得了老师的同意后，从中抄录了一百四十种，再加上自己搜集的部分典籍，开始筹备资金，与朋友们共同编撰，雕版印刷。老师知道此事后，欣喜地说："这正是我的志向。"

由此可知，容若对徐乾学的功劳丝毫不敢掠美。他如实地告诉人们，之所以有《通志堂经解》这部书，实在是有赖于老师的收集、校订和指导，这其中，也有他的朋友秦松龄、朱彝尊等人的功劳。他自己在其中，担任的是一个资助者和汇编者的角色。

徐乾学这个人，虽容若对其敬若神明，但人品颇受非议。他的舅舅顾炎武，就很不喜欢这个外甥，觉得他太在意功名利禄。徐乾学确实也有过一些品行不端的行为，当时他和高士奇齐名，民间有谚云："九天供赋归东海，万国金珠献淡人。""淡人"即高士奇，"东海"即徐乾学，可见他的确有过贪财受贿之举，更有过勒索他人导致命案的丑行。

但人的性格是多面的，徐乾学有贪图利禄的一面，也有博学好文的一面。在容若这个弟子面前，他将在官场的那一面完全掩盖了起来，展现的是身为读书人的那一面。

我们可以把《通志堂经解》的编撰，看成两个读书人共同成就的一项事业。在这方面，他们师生的志向是一致的，所以才一拍即合，通力合作。也许徐乾学此举，也混合着攀附明珠的功利想法，但容若的目的很单纯——他只不过想让这套典籍能够流传下来，被更多的读书人看到。任何一点龌龊的揣测都是对他初心的玷污。

完成这样一项浩大工程，需要投入极大的财力和心力，如果不是出于对儒家经典的热爱和对宋、元先贤们的仰慕，是很难支撑下去的。正是这套书的问世，让世人看到了容若的另一面。一直以来，他都被人们看成才子，殊不知，他还是个学问淹通的学人。清末梁启超读完《通志堂经解》后，就称赞容若是"清初第一学人"，还说他谈史论人,往往别有见地,令人大为佩服。

在古代,著书立说才是正道,诗词文学只不过是雕虫小技罢了。理智上,容若深知,他应该走学问这条正道;情感上,他却完全抵抗不了诗词对他的诱惑,那是一种致命的诱惑,足以让他燃尽生命,至死不休。

一千多卷的《通志堂经解》并没有让他走上学者之路,因为还有另一条路在等着他,一条少有人走却更适合他的路。

理智与情感的对立,学问与诗词的交锋,贯穿了容若的终生,一直到他临终前,他还在病床之上对徐乾学说,有您这样博学的老师,本应好好从事学术,奈何自己生性喜爱填词,到了无法割舍的地步,等到有志投身于学问时,又不幸患病短命,觉得深深辜负了老师的厚爱。

"性喜作诗余,禁之难止",在学术与诗词之间,容若选择了诗词,并为此负疚终生。如果他能够提前预知,将来让他在青史上留下名字的,并不是《通志堂经解》这样的皇皇巨著,而是被时人看成微末小技的词,他会不会对自己多一些宽容,少一些苛责?

渌水亭的遐想

与《通志堂经解》差不多同时完成的,还有一部叫作《渌水亭杂识》的著作。渌水亭,可以说是容若心灵上的桃花源,他在这里吟风弄月,读一些"无用"的闲书,和朋友们饮酒欢聚。

此地风光绝佳,容若在写给朋友张纯修的信中形容此处"风花乱飞,烟柳如织";在红楼朱阁之中,别有一番田园风致,他曾写了一首七绝为渌水亭画像:

野色湖光两不分,碧天万顷变黄云。
分明一幅江村画,着个闲庭挂夕曛。

这等江村风味,倒让人想起大观园中那个精心构造的稻香村来,给珠楼绣闼平添了几分自然野趣。

容若病愈之后,最喜欢待的地方就是这里,他常常捧着一卷书,在浓荫掩映的窗下静读,草色透进窗中,映得人窗俱绿。他在这儿读的书,无关功名,纯属爱好,每每有所领悟,就记下心得。或者与朋友通信时,聊到一些奇闻逸事,也会记录下来。此时他已与严绳孙、姜宸英、秦松龄等人来往,这些人也常是渌水亭的座上之宾，朋友之间，不谈科举仕进，只谈诗词风月，交谈间碰撞出的火花也成为他的灵感来源。

两三年下来，便汇成了这部《渌水亭杂识》，它记载的，是一个青年人对于世界的奇思妙想，特点是随意挥发，优点也是随意挥发，内容涉及天文、地理、诗词、歌赋、仙佛、鬼怪、历史等，可以说无所不包。容若一贯给人以严肃老成的感觉，可从这本札记的风格来看，他和同龄的年轻人并没有什么不同，同样对世界充满了好奇心，也同样具有丰富的想象力。

少年人最喜欢听人谈神论鬼，对于这些怪谈趣事，容若总是津津乐道，杂识中关于"龙"的记载就有八条之多，比如：

"神龙行雨以利物，毒龙为恶风以害物。"

"龙喜睡，数百年一觉，甚至积沙其身成村落。觉即脱神弃身而去，不伤于物。"

"天龙为贵，海龙次之，江湖之龙又次之，井潭之龙下矣。"

……

古代中国人向往成仙，对于修炼之术，容若信以为真，他提道，野兽之中以狐狸最灵，猿猴次之。狐狸最易修炼成仙，成仙之后在天上服侍地玉皇大帝，就像皇宫里的太监一样。猿猴则容易修炼成地仙。

金华的老百姓忌讳养白猫，因为白猫每夜蹲在屋顶之上，吸取月光精华，容易成精。

兽既然可以修炼，在想象中，人当然也能成仙。在容若的记载中，天上的仙人把山中灵药放在大海之中，波涛日夜冲激，可以炼成仙药。崂山、青城、太白、武当等深山中人迹罕至的地方，有宋、元以来一直活到今天的人，瘦得皮包骨头，见到人就遁入山中，这就是人们所说的草仙。

关于传说中的剑仙，容若记载道，人们总是说"剑法不传"，其实剑法是传下来的，有一位姓王的老人介绍说，真正高明的剑术是以人的身体作为剑柄，徽州目连有种獠人，身轻如猿鸟，就是剑术的传人。

如果都是这样的内容，那么《渌水亭杂识》就无异于一部小型的《聊斋志异》了，容若毕竟不是蒲松龄，对于炼药修仙这样的事，他只是觉得有趣，所以顺手记录下来，并不会真的执行，也谈不上迷信。

容若生长的年代，中西方已经开始融合，自鸣钟、自行车、西历、西药等漂洋过海传了进来，对这些新鲜事物，他不仅不排斥，反而十分认可，比如他说：

"西人历法，实出郭守敬之上，中国曾未有也。"

"西人风车借风力以转动，可省人力，此器扬州自有之，而不及彼之便易。"

"中国天官家俱言天河是积气，天主教人于万历年间至，始言气无千古不动者，以望远镜窥之，皆小星也。"

"西人医道与中国异，有黄液、白液等名。其用药，虽人参，亦以烧酒法蒸露而饮之。"

"武侯木牛流马，古有言是小车者。西人有自行车，前轮绝小，后轮绝大，则有以高临下之势，故平地亦得自行，或即木牛流马乎？"

清朝早期，并不像我们想象中那样闭关自守，贵族对西洋事物大感兴趣的不乏其人，和容若同年出生的康熙，就是一个狂热的西学爱好者。他曾跟随比利时人南怀仁等学习西方的天文、数学，在皇宫中亲自使用仪器测验日蚀，还亲自给皇子、皇孙们讲几何学。康熙曾患疟疾，太医院御医束手无策，耶稣会士张诚、白晋将带来的西药金鸡纳霜奉上，病愈之后，康熙将金鸡纳霜视为"圣药"，常赏赐给亲属和部下。

在这种风气的影响下，容若被西学吸引自然毫不奇怪了，他盛赞西历比中国传统的历法精确，说西方借风力转的风车比中国自古就有的风车方便，还提到了望远镜、自行车等新鲜事物。这表明，他并不因循守旧，而是与时俱进。

可惜的是，不管是康熙还是容若，贵族圈对西学的这种好奇都仅仅停留在好奇的阶段，西方的科学技术并没有得到普及和推广，直接导致了"康乾盛世"之后的没落。康熙曾有宏愿，想把西欧的全部科学移植到中国来，但并没有实现。归根结底，可能是那时的中国还没有适合科技生根发芽的土壤，民众普遍对科技抱以怀疑和排斥的态度，只有等到被西方的火枪大炮轰开了国门，才幡然醒悟，立誓要"师夷长技以制夷"。

就拿容若来说，有关西学的记载也只不过这寥寥数条，他的大部分兴趣还是在文学艺术上。在《渌水亭杂识》中，他写下了大量对于诗词、文学的看法，这一部分，正是全书的精华所在。

明清文人，最爱步武唐宋，李梦阳等前七子就倡议过"诗必盛唐，文必秦汉"。对于这种复古的风气，容若表示十分不屑，他说："诗之学古，如孩提不能无乳母也。必自立而后成诗，犹之能自立而后成人也。明之学老杜、学盛唐者，皆一生在乳母胸前过日。"

在这里，他用了一个精巧而尖刻的比喻，将诗人和古人的关系，比喻成孩子和乳母。他认为，诗人向古人的作品学习，是很有必要的，就像小孩子必须得依赖乳母哺育一样，但孩子在长大之后，必须脱离乳母而独立生活，所以学诗的人也必须自立门户，倘若永远都在向古人学习，那就好比"一生在乳母胸前过日"。

有人曾问他，作诗应该是以唐还是以宋为蓝本？他坦诚地回答说："你不要问师唐还是师宋，要问问你自己的诗风是什么。"对于诗坛一会儿流行学这个，一会儿流行学那个，他一针见血地指出："人情好新，今日忽尚宋诗。举业欲干禄，人操其柄，不得不随人转步。诗取自适，何以随人？"那些冲着功名利禄而读书的人，一流行宋诗，就不得不跟着风气转，殊不知，写诗贵在自我愉悦，又何必随人俯仰呢？这种亦步亦趋的人，在他看来，"其于诗也，如矮子观场，随人喜怒，而不知自有之面目，宁不悲哉"。

还有些人，喜欢写"步韵""和韵"诗，容若觉得这样危害极大："今世之大为诗害者，莫过于作步韵诗。唐人中、晚稍有之，宋乃大盛，故元人作《韵府群玉》。今世非步韵无诗，岂非怪事？诗既不敌前人，而又自缚手臂以临敌，失计极矣。"他自己也写过步韵的诗词，所反对的，是一味地沉迷于步韵，使诗歌创作沦为文字游戏。

那么诗词究竟要怎样写呢？在容若看来："诗乃心声，性情中事也。发乎情，止乎礼义，故谓之性。亦须有才，乃能挥拓；有学，乃不虚薄杜撰。才、学之用于诗者，如是而已。"

诗歌是心声的流露，是纯任性情之事，这正是容若独特的创作主张。人心不同，各如其面，所以每个人都应该根据自己的性情来写作。我们可以把这一观点,看作李贽"童心说"的延续,和袁枚"性灵派"的先声。

容若主张,写诗填词要纯任性灵,毫无矫饰,如"流泉鸣咽,行止随时;天籁噫嘘,洪纤应节"。他的词,就是这一观点的完美体现,运笔如清水芙蓉,临风自笑,毫无雕琢的痕迹。恰如王国维对他的评价:"以自然之眼观物,以自然之舌言情。"

这样的词作,因不事雕饰、感情真挚而最能打动少年的心。人在年少时,尤其喜欢读这种自然真切的诗词。词学大家叶嘉莹就说过,她在十几岁时,一接触到纳兰词就十分喜欢,觉得和宋词相比,纳兰词更为浅白自然,数百年后读来,仍然毫无隔膜感。巧的是,叶嘉莹和容若都属于叶赫那拉一脉,叶姓是叶赫那拉的简化。词就是具有这种神奇的魔力,可以让两位叶赫那拉氏的词人隔着遥远的时空,灵魂遥遥地相和。

关于词的源流,容若也提出了自己的看法,这里摘取几条:

"自五代兵革,中原文献凋落,诗道失传而小词大盛。宋人专意于词,实为精绝;诗其尘饭涂羹,故远不及唐人。"

"宋人歌词,而唐人歌诗之法废。元曲起而词废。南曲起而北曲又废。今世之歌《鹿鸣》,尘饭涂羹也。"

"曲起而词废,词起而诗废,唐体起而古诗废。作诗欲以言情耳。生乎今之世,近体足以言情矣。好古之士本无其情,而强效其体以作古乐府,殊觉无谓。"

容若对于文体兴衰的点评,很有可能启发了王国维"一代有一代之文学"的观点。王国维曾说:"四言敝而有楚辞,楚辞敝而有五言,五言敝而有七言,古诗敝而有律绝,律绝敝而有词。"

又说:"凡一代有一代之文学,楚之骚,汉之赋,六代之骈语,唐之诗,宋之词,元之曲,皆所谓一代之文学,而后世莫能继焉者也。"这些说法,像是脱胎于容若的观点而有所拓展。

王国维对容若极为推崇,认为他是"北宋以来,一人而已"。由于个性和阅历的不同,王国维的《人间词话》和容若的《饮水词》风格完全不一样,但王国维的词学思想,极有可能受容若影响不小,《人间词话》中对文体的兴衰,对清新自然词风的追求,看法都和容若类似。

眼高于顶的王国维,为何会对一个数百年前的贵族公子如此心慕神随呢?可能是折服于容若的才华,也可能是因为他从容若早逝的命运中,领悟到了繁华如梦、浮生若斯的真相。更有可能,是因为物伤其类——他和容若,都是彻头彻尾的悲观主义者,他们之间,有着天然的共鸣。

朱彝尊：滔滔天下，知己是谁

在容若十九岁这年，一代文学家龚鼎孳在京病逝。在此之前，和龚鼎孳并称为江左三大家的吴伟业、钱谦益已相继离世，龚鼎孳俨然已是当时的文坛领袖。他的去世，宣告了一个时代的结束，也让人们开始展望：当今文坛，不知谁能成为新的盟主？

容若和严绳孙、姜宸英、秦松龄等人在渌水亭把酒论诗时，就不止一次地探讨过这个话题。有人提名宜兴的陈维崧，说他的词骨力绝遒，大有稼轩之风。容若却不大认同，他最近正为一部词集着迷，在他心目中，这部词集的作者，所作清空醇雅，一洗浮华之风，只有这位作者，才当得起文坛盟主的称号。

词集的名字叫作《静志居琴趣》，这是一部特殊的词集，它的特殊就在于，整整一卷八十三首词，都是为这名叫"静志"的女子所著。

从词诞生以来，百分之八十都是为女子所作。这些女子，大多是酒筵歌席上邂逅的歌女，少数是家中婉媚的姬妾。这个叫静志的女子却与众不同，她不是歌女，也不是词人的妻子，而是他的妻妹冯寿常。

一个词人，为着一段不可能的恋情，一个不可能的恋人，写了这么多缠绵悱恻的词,称得上空前绝后了。

这个词人就是浙江秀水的朱彝尊,在清代词史上赫赫有名,与陈维崧并称为"朱陈"。谭献对他们的评价是"锡鬯(朱彝尊字)情深,其年(陈维崧字)笔重,固后人所难到",朱彝尊的词作,恰恰胜在一往情深。

《静志居琴趣》打动容若的,也正是这一片深情。他捧着那卷词集,深深地陷入了词中,也深深地陷入了填词者和词中人的故事之中。

八十三首词,如同一幅幅连轴画,展开来就连成了一幅凄美绝伦的爱情长卷,汇聚了填词者和词中人相识、相爱、相知、相别的点点滴滴:

初相识时,他是因家贫而入赘冯家的清寒士子,她是天真懵懂的稚龄少女。那个年代赘婿的地位极低,如果不是家中贫寒到了极点,他不会走这条路。为了维持生计,他东奔西走,有时依人远游,有时做做西席,收入仅仅够糊口。贫穷,一点一点地吞噬着他努力维持的尊严,尽管这尊严,在丈人甚至妻子的眼里看来有些可笑。

四十岁以前,他一直穷困潦倒,受尽了白眼、冷遇,那些苦苦挣扎的灰暗日子里,唯一能给他安慰的,就是他的妻妹。她是真心地仰慕他,敬重他,不管他的际遇如何。

她的笑容,曾是他阴暗岁月里的唯一一抹亮色。多年后,他还记得十二三岁的她,穿着薄薄的春衫,垂着一头青丝,蹑手蹑脚地走到蔷薇架下,去捉那花间的蝴蝶。

"走近蔷薇架底,生擒蝴蝶花间",读到这行词时,容若的心间忽然涌起了奇异的熟悉感。这是朱彝尊记忆中的妻妹，也是他记忆中的表妹啊，一样天真，一样娇憨，他也不止一次地写过她"花径里，戏捉迷藏"的场景。

久违的疼痛又一次袭上心头，为了驱走这种疼痛，他强迫自己收敛心神，继续读词。

时光在词里流逝得格外快，转眼间冯寿常已是妙龄少女，朱彝尊看着她慢慢长大，一天比一天美丽，也一天比一天沉静。好感在两人之间悄然萌生，在钱塘江的船上，他们并舟看水，彼此都感受到了对方的情意，"一面船窗相并倚，看渌水。当时已露千金意"（《渔家傲》）。

一天，他教她练字，临摹的是王献之的《洛神赋》残帖，中间有一句是"收和颜以静志兮，申礼防以自持"，说的是曹植虽迷醉于洛水女神的美丽，却终于宁静心志，以礼克情。他给她取字为静志，给自己的书斋取名为静志居，这是在借此约定，要像曹植和洛神一样，发乎情，止乎礼。"洛神赋，小字中央，只有侬知"，他把这个秘密写进了词里，他知道，只有她能读懂这个秘密。

然而，互相爱慕的人却无法相守，潦倒半生的朱彝尊，连妻子、儿女都很难养活，自然也无力纳妻妹为妾。他只能眼看着十九岁的冯寿常匆匆嫁为人妇，把那份情思深深地藏在心里。之后，冯寿常的丈夫早逝，儿子夭折，二十四岁时又回到娘家居住，这一次，任是再森严的礼法，也无法再压抑他们的感情。

他们悄悄地相爱了，背着人，偷偷地咀嚼着这不伦之恋的甜蜜与苦涩。有时候，他们私下幽会："那年私语小窗边，明月未曾圆。

含羞几度,已抛人远,忽近人前。"这一首《眼儿媚》,写的正是他们密会时的缠绵。但更多的时候,他们只能在人前装作疏远,连一丝亲密都不敢流露出来,"共眠一舸听秋雨,小簟轻衾各自寒"。

见不了光的爱情最使人忧愁无助,没过多久,冯寿常就病倒了,年仅三十三岁就离开了这个世间。为生计漂泊在外的朱彝尊没能见到她最后一面,等他赶到家里时,只看到她留下的一纸遗书,上面还留着她的斑斑泪痕。

在失去了最爱的人之后,压抑了大半生的朱彝尊终于决定不再压抑,就在冯寿常去世的翌年,他毅然将为她而写的词编成了一卷词集,让他们的爱情大白于日光之下。

除了《静志居琴趣》之外,朱彝尊还为妻妹写了一首《风怀诗》,长达两百韵,详细地记叙了他们的爱情故事。晚年他在汇编全集时,有友人劝他说,《风怀诗》对你的名声有影响,不如删掉这首诗,以你的地位、成就,死后是可以入文庙享万世供奉的。朱彝尊犹豫再三,终究还是不忍删去,他说"宁拼两庑冷猪肉,不删风怀二百韵",意思是宁愿死后不入孔庙,宁愿成为名教罪人,他也不愿意删去这首凝结着自己少年情事的诗。

这样的朱彝尊,怎能不让容若深深折服?当他读着《静志居琴趣》时,感觉就像有一个人,把他想说的话说了出来,而且说得如此贴切、如此动人。心灵上有根弦被轻轻拨动了,那是一个情种对另一个情种的遥相应和。

当容若沉浸在朱彝尊织就的绮梦之中时,这位爱情梦碎的词人已经悄然来到了京城。人生就是这样残酷,失去了爱人,还是得继续为生活奔波。这一年,他已经四十四岁了,却还只是潞河漕总功佳育幕府的一位小小幕僚。除了薄有文名外，称得上一事无成。"落魄江湖载酒行"是他前半生的真实写照，所以他才自嘲地将最新的词集命名为《江湖载酒集》。

孔子早就说过："四十、五十而无闻焉，斯亦不足畏也已。"年过四十仍然默默无闻的人，不仅是旁人对他不再敬畏，连自己也失去了信心。望着画像中白发乱垂的样子，满腔不平之气油然而生，一首《百令字·自题画像》在他笔下一挥而就：

菰芦深处，叹斯人枯槁，岂非穷士？剩有虚名身后策，小技文章而已。四十无闻，一丘欲卧，漂泊今如此。田园何在，白头乱发垂耳。

空自南走羊城，西穷雁塞，更东浮淄水。一刺怀中磨灭尽，回首风尘燕市。草屦捞虾，短衣射虎，足了平生事。滔滔天下，不知知己是谁。

妻妹已逝，唯一欣赏他、尊敬他的人不在了，这世上，还有谁会是他的知己？"滔滔天下，不知知己是谁"，漂泊京城的朱彝尊，是如此寂寞，如此渴盼着知音的出现。

恰在此时，他收到了一封信，一封饱含着诚意和热情的信。写信的人，是他从未谋面的容若，权相明珠府的公子。尽管素昧平生，但这位公子已将他引为知己。

容若的热情和诚意感染了他，他不仅迅速回了信，还在不久后就亲自登门拜访。一个是四十多岁的江湖穷士，一个是年方弱冠的相府公子，年龄、地位悬殊，可只要一开口，他们之间的隔膜就迅速消失了，谈起诗词文学来，他们就像多年老友一样，毫无生分的感觉。

初次见面就相谈甚欢，朱彝尊发现，容若对他的作品如数家珍，评论起来头头是道，什么《江湖载酒集》洒落有致，《茶烟阁体物集》编排甚工，《蕃锦集》别具匠心等。不过他最为推崇的，则是《静志居琴趣》一卷，说此集独出机杼，尽扫陈言，实在当得上古今情词之冠。

"与君初相识，犹似故人归"。年长容若二十几岁的朱彝尊，对这位少年公子，顿生惺惺相惜之感。他注意到，容若形容他的词，不是说"艳词"，而是说"情词"。公子果然是知心人啊，《静志居琴趣》正是他平生心血所在，却被很多人看成上不了台面的艳情词，所以说知音难觅。

"锡鬯兄，这其中有一首当为全集压轴之作。"谈得兴起，容若索性拿出了从朋友那儿手抄的《静志居琴趣》。

"请问是哪一首？"朱彝尊试探着问。

容若翻开书卷，指向了其中的一首："就是这首。"

这首《桂殿秋》，正是朱彝尊的扛鼎之作，被况周颐在《蕙风词话》中列为当朝第一，全词仅有二十七个字：

思往事，渡江干。青蛾低映越山看。共眠一舸听秋雨，小簟轻衾各自寒。

他将他所有的思念、所有的压抑，都写进了这首词里。"共眠一舸听秋雨，小簟轻衾各自寒"，将东方人那种克制的情感刻画得如此细致入微，短短十四个字间，似是有暗涌在流动。他和爱慕的人，共同身处一艘窄窄的小船之上，却只能各自躺在各自的席子上，盖着各自的被子，承受着各自的寒冷。

正是从这句词中，容若读懂了朱彝尊的难言之隐。伤心人别有怀抱，除了同样伤心的人，没有人能够读懂，这里面蕴含着怎样的隐痛。这种痛楚无法说出口，也无人可以分担。

好在，现在他已经知道，这种百般求而不得的遗恨并非自己所独有，至少有一个人，和他有着同样的苦楚。尽管他们只能各自承担各自的苦楚，但至少是相互懂得的。有了这份懂得，才不会那么孤单。

共眠一舸听秋雨，小簟轻衾各自寒。

天气再怎么寒冷，只要你知道，有那么一个和你心意相通的人存在着，即使触碰不到，即使咫尺天涯，也足以减轻你的寒意。

容若轻轻念出了这句词，斗室之间，四目相对，这对相隔二十余岁的词人顿时莫逆于心，结下了长达十二年的友谊。

少年意气：横戈跃马今何时

人在年少时，都有豪气干云的一面。晚年时号称"万事不关心"的诗佛王维，年轻时也写过"相逢意气为君饮，系马高楼垂柳边"这样的诗句。

年轻时，谁不向往饮马江湖，醉卧沙场？谁不希望能够拼将一腔热血，换取万世功名？连容若这样锦衣玉貌的相门公子也不例外。在他的诗集里，有这样一首诗：

> 平生纵有英雄血，无由一溅荆江水。
> 荆江日落阵云低，横戈跃马今何时。

诗题名为《送荪友》，是写给他的朋友严绳孙的。容若借这首诗向朋友剖白，他向往着能到荆江一线的前线战场去"横戈跃马"，可惜事与愿违，他上不了战场，一腔热血无处抛洒。

这首诗诗风之雄健，感情之激昂，如果掩去作者名字的话，怎么也想不到是出自纳兰容若的笔下。原来，容若也有过如此昂扬进取的时候，别忘了，他始终是个在马背上长大的少年，文弱的外表下，澎湃着的是一腔八旗子弟的英雄血，他渴望着能像关外的祖辈一样杀敌战场,建功立业。

看到这里可能会有个疑问:天下太平已久,哪里还需要杀敌报国?

其实只要是略微了解史实的人都知道,康熙早年,天下并不太平。云南的吴三桂、广东的尚可喜、福建的耿精忠,划地自治,已形成尾大不掉之势,号称"三藩"。他们在自己的独立王国里,设立税卡,私行铸钱,圈占土地,俨然成了"国中之国"。

这是对皇权的极大威胁,作为一代雄主,康熙年纪虽轻,却无法坐视不理。

撤藩还是不撤藩?这个问题困扰了康熙多时,也困扰了臣子们多时。康熙十二年(1673),平南王尚可喜上书请求养老,康熙觉得这是个良好时机,于是顺水推舟地接受了尚可喜的请求,并明令撤藩之后,尚可喜的长子不可袭封。吴三桂、耿精忠得知后,故意提出同样的请求,以试探朝廷的意向。

朝廷上群声鼎沸,乱成了一锅粥,虽然以索额图为首的大部分臣子主张妥协,表示三藩不可撤,但也有少数臣子坚决反对,认为得撤三藩。主张撤藩的臣子中,就有时任兵部尚书的明珠。他早已看出了少年皇帝的心意,康熙常挂在嘴边的一句话就是"天下大权,当统于一",既然要建立大一统的帝国,这三藩自然是非撤不可。

争议未休时,康熙果然如明珠所料,决意撤藩。他的理由是,吴三桂等人蓄谋已久,撤也要反,不撤也要反,不如先发制人。

撤藩令一下,吴三桂等人不禁愕然,他们没有想到,一个被他们看成乳臭未干的少年皇帝,居然有如此雄心壮志。如今骑虎难下，只好举旗反清。

三藩当时号称有七十万兵力，又打着明朝朱三太子的旗号，清廷仅仅有十五万的兵力，实力有所不及。吴三桂兵力雄厚，仅三个月之内，就攻陷了贵州、湖南、四川诸省。京城中冒充"朱三太子"的杨起隆也趁机聚众起事，把京城闹得鸡飞狗跳。

如此严峻的形势之下，索额图等人主张息兵求和，提出要斩杀明珠等力主撤藩的大臣。最终还是康熙力排众议，严词拒绝："撤藩的主意是我定的，关明珠等人何事？他们有何罪过？"康熙的坚决态度不仅让朝廷上的纷争得以止息，更让明珠等对他感恩不已，从此君臣一心，合力抗敌。

明珠在对抗三藩的战争中立下了汗马功劳，作为兵部尚书，他协助康熙杀了吴三桂留在京城的儿子吴应熊，又在杨起隆作乱时，派人捉拿其党羽，迅速地平定了京城里的叛乱，稳定了大后方。正因如此，康熙才将明珠看成心腹，不久后就将他擢拔为武英殿大学士。

撤藩是个冒险的决策，尽管后来这场战争以吴三桂病死、清廷大获全胜而告终，但在两军对垒之初，吴军步步紧逼，清廷陷入了生死存亡之际，谁都看不清后来的形势，连一心支持康熙撤藩的明珠，有时也难免会质疑自己的决定是否正确。不过，令他备受鼓舞的是，他那刚到弱冠之年的儿子，毫不犹豫地表达了对他的支持。

康熙十三年（1674），吴三桂的军队攻陷广西，广西富川县的知县刘钦邻带着数十名家丁与吴军殊死搏战，终因寡不敌众，被吴军俘虏。吴军希望刘钦邻能投降，刘钦邻却痛斥他们是无君无父的叛军,并毅然自缢身亡,临终前留下了两首绝命诗,诗中写道:"已拼一死完臣节,肠断江南亲白头。"

清军入关不过数十年,就收获了刘钦邻这样赤胆忠心的臣子。吴三桂本人可能也很迷惑,他都打出了"反清复明"的旗号,为何还有那么多汉人将领不肯归顺,反而要支持非我族类的清廷呢?他不知道,像刘钦邻这样的人,忠于的并不是清廷,而是道义。吴三桂一生中多次叛变,反李自成、反明,后来又反清,号称"三反",如此反复无常,输掉了道义,失去了人心,这才导致了最后的惨败。

刘钦邻殉国的消息传到京城后,康熙感动不已,特追谥其号为"忠节",并封妻荫子。听了刘钦邻的故事后,容若大为震动:一个汉人,居然如此忠于清廷,他身为一个旗人,岂能无动于衷?义愤填膺的他,当即写下了一首题为《挽刘富川》的诗:

人生非金石,胡为年岁忧。
有如我早死,谁复为沉浮。
我生二十年,四海息戈矛。
逆节忽萌生,斩木起炎州。
穷荒苦焚掠,野哭声啾啾。
墟落断炊烟,津梁绝行舟。
片纸入西粤,连营倏相投。
长吏或奔窜,城郭等废丘。
背恩宁有忌,降贼竟无羞。
余闻空太息,嗟彼巾帼俦。
黯澹金台望,苍茫桂林愁。

> 卓哉刘先生，浩气凌斗牛。
> 投躯赴清川，喷薄万古流。
> 谁过汨罗水，作赋从君游。
> 白云如君心，苍梧远悠悠。

从诗中可得知，作此诗时，容若正好二十岁。二十年来，锦衣玉食，几曾识干戈，没想到吴军作乱，导致百姓流离，生灵涂炭，"墟落断炊烟，津梁绝行舟"。正是在这样的战争中，涌现出了刘钦邻这样的忠臣，他慷慨赴死，浩气凌云。他的牺牲，不仅令人痛惜，更令人备受激励，恨不能像先生一样，奔赴战场，保家卫国。

容若并不只是随口说说，他确实有过以身报国的想法。随着战事的推进，他不止一次地向康熙和父亲上书，请求亲上前线，横戈立马。屡屡被拒之后，才不禁感叹"平生纵有英雄血，无由一溅荆江水"。

明珠虽然不同意让他上战场，但儿子有这样的想法，就足以让他倍感欣慰了。这是一个标志，标志着儿子已经长大成人，更标志着儿子旗帜鲜明地站在他身后，他们是属于同一个战壕，站在同一条战线上的。

父亲，这时候还是容若心目中至高无上的偶像，一个顶天立地、叱咤风云的人物，一个他无比敬仰却又无法效仿的人。

父子同心，其利断金。当容若和父亲一起纵论战事、同心同德的时候，可能未曾想到，有朝一日，他和曾经视若天神一般的父亲，也会渐行渐远。

第四卷 结缡・一生一代一双人

相见欢：相看好处却无言

> 是哪处曾相见？相看俨然，早难道好处相逢无一言。
>
> ——汤显祖《牡丹亭》

男子二十而冠，这一年通常要行冠礼，可对于父母来说，儿女们的婚礼才是真正的成人礼。

康熙十三年（1674），明珠夫妇终于盼来了长子的婚礼。用"终于"两个字，是因为旗人素来早婚，以清朝皇室为例，顺治十四岁大婚，康熙更早，娶赫舍里氏为后时年仅十二岁。容若娶妻时已二十岁，这在那个年代已是不折不扣的晚婚了。

这门亲事早就定下来了，他要娶的女子姓卢，是两广总督卢兴祖的女儿，隶属汉军镶白旗。旗人之间是可以通婚的，无论满汉，更何况明珠和卢兴祖二人，一个是朝中重臣，一个是封疆大吏，称得上门当户对。

对这门婚事，容若并不抗拒，他深知自己身为一个长子的责任。按照旗人的礼俗，母亲觉罗氏早就去卢家相看过了，回来后兴奋地形容说，这位未来的儿媳容貌秀丽，性情温婉，眉眼生得很美。他看到母亲那样高兴，脸上也绽放出笑意，心说既然反正要娶亲，能够娶个让父母中意的女子也不错。

因男女双方都是旗人，自然是按旗人的习俗来举行婚礼。入关以后，早期旗人的婚俗还保留着游牧民族的痕迹，新娘进门之前，新郎要朝轿子的门帘轻轻射三箭，意为驱赶邪气。

容若还记得，那天他在司仪的指挥下，弯弓搭箭，向天上射了一支，司仪唱："一射天狼。"再向地面射了一支，司仪唱："二射地妖。"第三箭容若用的力气大了点，箭到了轿门前才坠下，周围的人都不约而同地发出了惊呼，轿中却没有任何声音传出，看来轿中人很沉得住气。司仪也跟着嘘了口气，唱道："三射红煞。"

接下来就是烦琐至极的仪式，新娘在伴娘的搀扶下，颤颤巍巍地跨过火盆，然后新人一同向北三叩首，俗称"拜北斗"，讲究点的还要入帐篷，坐帐，开脸，一番闹腾之后，才能入洞房。

那一夜，在亲友侍女们的喧笑声中，他有些拘谨地揭去了她头上的红盖头。她的目光撞上了他的，那是一双怎样的眼睛啊，那样亮，那样水光潋滟，像是一汪深潭，倒映着他的慌乱。有那么一瞬间，周围的喧闹似乎都听不见了，整个世界只剩下他和她，安静地凝视着彼此。

她那张脸，看上去并不特别惊艳，可她嘴角含着的那点笑意，眼底流露的那抹柔情，都让她看上去如此亲切。坐在她的身旁，他像是感染了她身上的静气，有种莫名的心安。他想起以前听的戏文，公子与小姐初见，惊叹着唱道："是哪处曾相见？相看俨然，早难道好处相逢无一言。"听戏时他并不明白，直到见了她，才知道真的会有这样一个人，让你有种似曾相识的感觉。

都以为他对她是一见倾心，连他的父母明珠夫妇也如此认为。

其实不是的，只有他自己知道，他是花了一些时间才慢慢爱上她的，他是个长情而慢热的人，爱和遗忘，对于他来说都不是那么容易的事。她呢，应该也是知道的，只是她从不说破，更不抱怨。

起初，他只不过是尽一个丈夫对妻子的本分，尽可能地呵护她，陪伴她。但他很快发现，和她在一起是件全然没有任何负担的事，她话不多，整个人娴静婉转得如同一首宋人小令，他读书的时候，她就在一旁做女红；他写字的时候，她就在旁边为他研墨；有时他读书读到太晚，她也会柔声叮咛他早些睡觉，仅此而已。很多时候他根本察觉不到她的存在，但只要他的目光落在她身上，就会发现有笑容在她唇边绽放，是那样温柔而满足的笑。

温柔，在容若的成长史中是种稀缺的东西，父亲和母亲尽管很爱他，但强势如他们，天生就和温柔绝缘。一直以来，都是他在怜惜别人，体贴别人，其实他也渴望着，能够被人温柔以待。好在她出现了，在他无缘殿试的时候，她用她的柔情，一点一点地抚平了他的失意。

整个纳兰府都称赞他新娶的福晋大方得体，也只有他知道，十八岁的她，骨子里还是有着孩子气的一面。

那年春天，帘外落花纷飞，如同下了一场红雨。他在园子中徘徊时，无意中看到，花树之下，立着一个娉娉婷婷的身影，正是他新娶的妻子，她弯着腰，不知在忙些什么。走近一看，她正将一个个小小的铃铛系在花枝之上。

"你在做什么啊？"怕惊吓了她，他特意压低了声音。

她抬起头，脸上泛起红晕，用几乎低不可闻的声音回答说："我在给花系护花铃，这样，鸟儿一啄花，我就可以听见铃响。"

她以为他会笑她,他却走上前去,和她一起系起了铃铛,并告诉了她一个"小秘密":在他十来岁的时候,也曾突发奇想,想给园中的花儿都一一系上护花铃,以防被鸟儿啄伤,结果大人们都笑他傻气,这事也就没有下文了。

"好傻是吧。"他说到这儿也忍不住笑了。

她早被他的叙述惹得笑弯了腰,这时却拼命绷住了笑意,轻微而坚决地摇了摇头。她怎么会笑他傻呢,就像他不会笑她傻一样。不过就算是冒傻气又怎样,他们一起做的,明明就是件美得不得了的傻事。

护花铃系好了,精致的铃铛点缀在轻红浅白的花丛之间,是那样赏心悦目。一阵春风吹来,铃儿发出叮叮当当的响声。容若忽然想起,如何才能分辨这护花铃响,究竟是被风吹还是被鸟啄呢?这些都不要紧,他的注意力早被身边的她吸引住了,在他看来,花儿开得再美,也比不上她这位惜花人的笑容。

共系花铃的情景,化作了他词中绝美的一幕,"看尽一帘红雨,为谁亲系花铃"。日子一天天过去,他的生活中渐渐都是她的影子,和他"绣榻闲时,并吹红雨;雕阑曲处,同倚斜阳"的是她,"红药阑边携素手,暖语浓于酒"的是她,夜深苦读时"催道太眠迟"的是她,静坐灯下"素手为予缝绽"的还是她。

在他人眼中静默平常的她,有那么多不为人知的可爱之处。她最爱月亮,每逢月色好的夜晚,总是要熄掉红烛,说这样才更能保留月亮的清光,让如水的月光从窗前洒进来,洒了他们一身;她爱花成痴,尤其偏爱梅花,每当梅花开时,总是拉着他彻夜欣赏,唯恐夜深花睡去,她还将窗上的碧纱换成了素帐,如此当月照梅花时,可以更清晰地看见梅花投在窗纱上的疏影。

她虽不大作诗词,但精于品评,有一次,他和她聊起《花间词》的诸位词人,她点评说:"温庭筠的词,是在金底子上作画。韦庄的词,是在白底子上作画。其余如孙光宪等人的词,则是在粉红色的底子上作画。"容若忍不住问:"我的词呢?"她转头看他一眼,柔声说:"你的词,是在青灰色的底子上作画。"如此趣致的比喻,他倒是头一次听见。

是她让他确定了,词比诗,更适宜于他的禀赋。有一天,他和她探讨起历代诗词名家,他逸兴遄飞,说什么陶(陶渊明)、谢(谢灵运)、李(李白)、杜(杜甫),妙在各有各性情。"人必有好奇缒险、伐山通道之事,而后有谢诗。人必有北窗高卧、不肯折腰乡里小儿之意,而后有陶诗。人必有流离道路、每饭不忘君之心,而后有杜诗。人必有放浪江湖、骑鲸捉月之气,而后有李诗。"

她看着他,忽地抿嘴一笑,接了一句:"人必有百折不悔、绵邈深密之情,而后有纳兰词。"

他的目光撞上她的,那一瞬间,容若忽然觉得,心上有根弦,被一只看不见的纤手拨动了。

爱上她是一个自然而然的过程,沉浸在甜蜜中的容若,毫无顾忌地书写着对新婚妻子的爱意:

十八年来堕世间,吹花嚼蕊弄冰弦。多情情寄阿谁边?
紫玉钗斜灯影背,红绵粉冷枕函偏。相看好处却无言。

——《浣溪沙》

十八岁的爱妻,在他的眼里,就像那误入凡尘的仙子,吹花嚼蕊,冰清玉洁,浑然不食人间烟火;又像那盛开在雪地中的梅花,"别样清幽,自然标格""冰肌玉骨天分付"。他喜欢听她拨弄琴弦,喜欢看她在灯下静坐,也喜欢和她依偎在枕头上,看她浅笑轻颦的样子。"红绵粉冷枕函偏",令人想起《红楼梦》中"情切切良宵花解语意绵绵静日玉生香"那一回,宝玉和黛玉这双小儿女歪在枕头上闲话的场景。

不过他和她在一起,说的话并不多,常常是"相看好处却无言"。两个相爱的人在一起,即使是沉默,空气中也像有绵绵情意在流动,就像顾城写的那首现代诗:

"草在结它的种子,

风在摇它的叶子,

我们站着,不说话

就十分美好。"

当你和我变成了"我们",哪怕是站着不说话,也十分美好。

蝶恋花：偏是玉人怜雪藕

俞平伯先生曾说：古人的生活奢侈浪漫！"奢侈"在此处，并不是指穷奢极欲，而是指古人对生活的艺术追求到了极致，也讲究到了极致。

容若和妻子在婚后的生活，就可以用"奢侈浪漫"来形容。少年夫妻，如胶似漆，让人如饮醇酒，心醉神迷。现在的新婚夫妻，有度蜜月的说法；容若和爱妻，将蜜月延长成了蜜年。他写过一组《四时无题诗》，共十六首，记下的就是一年到头、春夏秋冬的甜蜜岁月：

其一
一树红梅傍镜台，含英次第晓风催。
深将锦幄重重护，为怕花残却怕开。

其二
金鸭香轻护绮棂，春衫一色飐蜻蜓。
偶因失睡娇无力，斜倚熏笼看画屏。

其三

手撚红丝凭绣床,曲阑亭午柳花香。
十三时节春偏好,不似而今惹恨长。

其四

青杏园林试越罗,映妆残月晓风和。
春山自爱天然妙,虚费筠奁十斛螺。

其五

绿槐阴转小阑干,八尺龙须玉簟寒。
自把红窗开一扇,放他明月枕边看。

其六

水榭同携唤莫愁,一天凉雨晚来收。
戏将莲菂抛池里,种出花枝是并头。

其七

小睡醒来近夕阳,铅华洗尽淡梳妆。
纱幮此日偏惆怅,翦取巫云做晚凉。

其八

追凉池上晚偏宜,菱角鸡头散绿漪。
偏是玉人怜雪藕,为他心里一丝丝。

其九

却对菱花泪暗流,谁将风月印绸缪。
生来悔识相思字,判与齐纨共早秋。

其十

解尽余酲爇尽香,雨声虫语两凄凉。
如何刚报新秋节,便觉清宵分外长。

其十一

璇玑好谱断肠图,却为思君碧作朱。
几夜西风消瘦尽,问侬还似旧时无。

其十二

菊香细细扑重帘,日压雕檐起未忺。
端的为花憔悴损,一枝还向胆瓶添。

其十三

凝阴容易近黄昏,兽锦还余昨夜温。
最是恼人风弄雪,睡醒无事总关门。

其十四

玉指吴盐待剖橙,忽听楼外马蹄声。
问郎今日天寒甚,却是何人抵暮行。

其十五

漫学吹笙苦未调，娇痴且自阅楚椒。

博山香尽残灰冷，零落霜华带月飘。

其十六

谩蒸甜香谩煮茶，桃符换却已闻鸦。

宿妆总待侵晨换，留取鬟心柏子花。

  爱情会将光阴染上华彩，有了爱妻的陪伴，每个普普通通的日子都变得格外美好。南朝民歌中有《子夜四时歌》，容若这组诗的灵感很可能是源于此，但与《子夜四时歌》相比，他这组《四时无题诗》色彩更为鲜明，语调也更为活泼轻快。是妻子，将温暖和柔情、欢声与笑语带到了他的生命中。

  这是容若一生中最快活的日子，在此之前以及在此之后，他的词作都离不了愁、怨的基调，只有这一时期的诗词，仿佛浸染了春日的阳光，熙熙然，怡怡然，流露出少有的欢乐气息。

  一个精美的灵魂遇上了另一个同样精美的灵魂，他们实现了彼此共同的愿望，那就是被对方精美地爱着。

  春天，在梅花的引领下，园中的百花次第盛开了，是那清晨的春风唤醒了它们。他们用重重的锦幄，将花儿护住，因怕那花凋残，倒不忍见花儿早开了。

  夏天，绿槐的阴影倒映在曲栏之上，用八尺长的龙须草编成的草席十分凉爽。她径自把小窗打开，让明月的光照射在枕上供他欣赏。"自把红窗开一扇,放他明月枕边看",何等风雅。

有时天热难耐,他们就索性披衣起床,携手到水榭处乘凉,黄昏时刚下了一场雨,池边分外凉快,他们嬉笑着将莲子抛入了水中,憧憬着有朝一日能开出并蒂的莲花来,如池边的人一样成双成对。

他们喜欢在晚间的小池上乘凉,菱角、鸡头米散落在绿波的四周,景色优美。明清时,富贵人家流行吃冰碗,容若所住的什刹海荷花市场一带,每逢夏日更是到处出售冰碗。冰碗的制作方法是将白藕切片,将去了芯的鲜莲蓬子、鲜菱角、鲜鸡头米四样掺在一起,称之为"河鲜儿",然后在小碗里垫上冰块,放上"河鲜儿",再撒上白糖,就成了一碗晶莹剔透、鲜香清凉的冰碗,《金瓶梅》里称之为"冰湃的果子"。

相信容若和他的爱妻一定也品尝过这种冰碗,所以才写成了这样的佳句:"偏是玉人怜雪藕,为他心里一丝丝。"冰碗里已切成片的雪藕,依然丝丝粘连。她拈起一片,却不忍去吃,因为在她看来,那藕断丝连,就如那斩不断、理还乱的绵绵情丝,她哪里舍得去吃。

秋天,他有事外出了,她守在家里,听着潇潇雨声,吼吼虫语,觉得那秋夜分外漫长。园中的菊花开了,她特意折来一枝,插在胆瓶之中,想留待重阳与那人共赏。

冬夜漫漫,他们在博山炉里点了一炉沉香,共品名香。帘外风雪正紧,帘内却锦幄初温,异香不断。他倚在炉边,看她纤手剖新橙,与她相对坐吹笙。

东方人与西方人不一样,西方人是先恋爱后结婚,古代的东方人却往往是先结婚后恋爱。很奇怪，在奉行"父母之命、媒妁之言"的古代，也有不少佳偶良缘。如赵孟頫与管夫人、赵明诚与李清照就都属于这一类，他们不仅是生活上的伴侣，更是精神上的知己。

容若曾在诗中对赵、管二人的知己式婚姻表示艳羡，羡慕他"亦有同心人，闺中金兰契"。幸运的是，他也遇到了一位同心人，与他结成了灵魂伴侣。

他和妻子，也曾学李清照和赵明诚那样，在书房中以赌书烹茶为乐。当年李清照嫁给赵明诚后，两人都喜欢读书、藏书，每次饭后一起烹茶的时候，就用比赛的方式来决定饮茶先后，其中一人问某典故是出自书中某页某行，另一人答中就可先喝。李清照博闻强识，记忆力超群，常常赢得多。

容若还记得，妻子的记忆力并不是特别好，偶尔赢了一次时，就会开心得大笑，以至于端不稳手中的茶杯，洒了一身的茶水。他最喜欢的，还是听妻子在灯下读书，可能是因为在南方待过多年，她的口音并不纯正，有时念不准字音，就会惹得他开怀大笑。

他和她的婚后生活，充满了柔情蜜意、雅趣逸致，没有一点点凡俗的气息。容若的这位爱妻，就和他一样，也是个不食人间烟火的人物，她身上那种淡淡出尘的气质，常让他想起东晋的才女谢道韫。谢道韫，就是那位将雪花比成柳絮的才女，号称"咏絮之才"。在容若看来，妻子也许没有谢道韫那样的才华，但说起脱俗的气质和淡泊的性情，倒和谢道韫类似。

谢道韫气质出众，被形容有"林下风致"。容若的词中提到妻子时，也常常出现类似的词句：她的家，是"林下荒苔道韫家"；她所住的地方，是"林下闺房世罕俦"。容若常以雪花自比，将妻子比作咏雪花的谢道韫,别有一番爱重之意。

赵明诚曾在李清照的小像上题词说:清丽其词,端庄其品,归去来兮,真堪偕隐。在容若心目中,也只有飘逸出尘的妻子,才是能与他偕隐的佳偶。他虽生在烟柳繁华地,却始终有个退隐江湖的梦。这个梦,一直深埋在他的心中,不敢向任何人提及。他有他的顾忌,怕一说出口,就会遭到他人的嘲笑。

他写过一首题为《渔父》的词,描绘的正是他向往的人生境界:

收却纶竿落照红,秋风宁为薥芙蓉。人淡淡,水蒙蒙,吹入芦花短笛中。

他将这首词视为得意之作,特意拿去给家人看,母亲不懂诗词,父亲看过之后,叹了口气说:"好是好,就是太素净了,年纪轻轻的就写得这样素净,怕是不太好。"从那以后,他再也没有让父亲看过自己填的词。

在妻子面前,他倒是不避忌。他知道,她早就看过他流传出去的每首诗、每阕词,在某种程度上,她是先爱上他的词,再爱上了填词的人。这首《渔父》词,她尤为喜爱,口吟之余,还特意用簪花小楷,一行一行工整地写在扇面之上。

"人淡淡,水蒙蒙,吹入芦花短笛中。"她念着这句词,眼睛里全是光芒,像是有星星落了进去,"这样美的画面,怕只有江南才有,若是能到江南去住些日子,也不枉此生了。"

容若听着她的话,眼睛也亮了,生平第一次,他向人说起了他的江南梦,他的隐居梦。其实,他常常有一种错觉,觉得自己本该生在江南,却错生在了京城。他和她约定,以后要一起去江南偕隐,做一对寻常夫妻,芙蓉湖里,荡舟终日,梅花树下,吹笛同乐,这样的日子,纵然是神仙眷属也不及。

"林下闺房世罕俦,偕隐足风流",他把他们的约定,写进了词里。别人求之不得的荣华富贵,他们随时可以抛下,只希望能与心爱的人一起浪迹江湖、红尘做伴,远离一切是非困扰。

多年以后,他才明白,这样浪漫的梦想,注定只能停留在梦想的阶段。那时候,她已经不在了,再也没有人和他一同做梦,一同"发痴"。

鹊桥仙：金钗钿盒当时赠

"金风玉露一相逢，便胜却人间无数。"（秦观《鹊桥仙》）

对于相爱的人来说，相依相偎的日子总是弹指即过，分开的日子却一日不见，如隔三秋。正因为两情缱绻，偶尔的分离也显得格外难熬。结婚两年后，容若随着皇帝南巡北狩，时不时外出，漂泊在外的他，常常会想起家中的妻子：

微云一抹遥峰，冷溶溶，恰与个人清晓，画眉同。
红蜡泪，青绫被，水沉浓，却与黄茅野店，听西风。

——《相见欢》

妻子的眉眼生得极美，甫一相见，他就醉倒在她的剪水双瞳、两弯秀眉之下。他曾写诗赞她"春山自爱天然妙，虚费筠奁十斛螺"，那时的女子常以螺子黛画眉，她却用不上，因为她天生有一双好眉毛，眉色姣好如春日远山，不需要用螺黛增色。

此刻，当他对着远方那被微云缭绕的山峰，不禁想起了家中的妻子，只因那一片青黛的山色，恰好与妻子的黛眉相似。他在家中时，也曾学那张敞，以为妻子画眉为乐，如今她一人独坐闺中，百无聊赖,翻遍眉谱只怕也找不到称心如意的眉样了。

他设想着,独守闺房的妻子对着垂泪的红烛,裹着熏过香的青绫被,魂灵儿却飞过了关山千重,来到这黄茅野店,和他一起听着这西风嘶吼。

关于两地相思,李清照曾有词说"一种相思,两处闲愁",当容若思念着远方的爱妻时,往往也设想着,妻子是如何深深地思念着自己,比如这首:

> 落花如梦凄迷,麝烟微,又是夕阳潜下小楼西。
> 愁无限,消瘦尽,有谁知?闲教玉笼鹦鹉念郎诗。

她养了一只鹦鹉,调教得非常好,能学人说话。他想象着,他不在的那些日子里,她终日无事,怕是只能教教鹦鹉读诗,来打发那漫漫长日。只是那鹦鹉本是无情物,又怎能听懂她话中的无限情意?

仿佛心有灵犀般,当他从远方归来时,那檐下玉笼中的鹦鹉见了他,忽然长叹一声,念道:"谁道飘零不可怜,旧游时节好花天……"这正是他当年有感于海棠花凋零,随意写的一首词。他听了,忍不住惊叹出声。那鹦鹉听了后摇头晃脑,大为得意,念得更起劲了。她却躲在鹦鹉笼后,不让他看见自己羞红的脸。

"闲教玉笼鹦鹉念郎诗",这句词中所描绘的意境实在新奇趣致,不知道曹雪芹是不是受此启发,也把这一幕写进了书中。黛玉就养了一只鹦哥,会说话,会叹气,也会学主人吟诗,《红楼梦》第三十五回中宝玉进了潇湘馆,忽听那鹦哥便长叹一声,竟大似林黛玉素日吁嗟音韵，接着念道："侬今葬花人笑痴，他年葬侬知是谁？试看春尽花渐落，便是红颜老死时。一朝春尽红颜老，花落人亡两不知！"

卢氏所养的这只鹦鹉，念的却是容若的诗词。这并不奇怪，他不在她身边的时候，她极度思念他时，就会吟诵他写的诗词。那鹦鹉听得多了，自然也学会了几句。

有了离别，才倍显相聚的甜蜜，才更加珍惜在一起的分分秒秒。相爱至深的人，总是觉得一生太短，希望能够生生世世永远相守。那年七夕，容若和妻子，就在夏夜的银河之下，许下了海誓山盟。

七夕，是一个属于有情人的浪漫节日。传说中在这一天，成千上万只喜鹊会搭成鹊桥，让分别一年的牛郎和织女在鹊桥上相会。正因如此，七夕就成了象征着情人们坚贞不渝的节日。唐玄宗和杨贵妃，就曾在七夕的长生殿前盟誓，立誓"在天愿作比翼鸟，在地愿为连理枝"。

容若记忆中的那个七夕是如此美妙，多年后，他还记得，夏夜里那最后一声蝉鸣，清风中的点点流萤，花丛中的双双蝴蝶，以及她身上的薄衫和脸上的笑靥：

露下庭柯蝉响歇。纱碧如烟，烟里玲珑月。并著香肩无可说，樱桃暗解丁香结。

笑卷轻衫鱼子缬。试扑流萤，惊起双栖蝶。瘦断玉腰沾粉叶，人生那不相思绝。

——《蝶恋花》

仲夏的夜晚是如此宁静，露水汤汤，叫了一天的蝉也歇了下来，碧纱如烟，依稀可以看到纱窗外那朦胧的夜月。他们并肩站在樱桃树下，静静地嗅着空气中传来的丁香的芬芳。暗夜中有萤光闪烁，她笑着起身，轻罗小扇扑流萤，却不料惊起了栖在花丛里的那双蝴蝶。

那一晚，夜凉如水，他们并卧在凉簟之上，看天上星河璀璨，她指给他看，喏，这是牵牛星，那是织女星，你看它们是不是连在一起了。他们说起了那些多如繁星的七夕词，两人都觉得，论文采，论立意，当数秦少游的《鹊桥仙》为第一。

容若脱口念道："'两情若是久长时，又岂在朝朝暮暮？'好个秦少游，纵然是不识字的人，也知道这是天生好言语！"

她却摇了摇头，低声笑道："好是好，却不大如意，要依我的意思，两情若是久长时，正在于朝朝暮暮。照我看，这句虽好，倒不如另一句。"

他看向她，同时念出了心目中的那一句："金风玉露一相逢，便胜却人间无数。"

"金风玉露一相逢，便胜却人间无数"，是说牛郎和织女纵然只有一年一会，他们的情意倒胜过了尘世间千千万万貌合神离的夫妻。在容若二人看来，这句词，倒像是为他们量身定做的，他们纵然聚少离多，但说到相爱之切、知心之深，却要胜过无数夫妻。

张中行先生曾将婚姻分为四个等级，分别是可意、可过、可忍、不可忍。综观我们身边的大多数夫妻，婚姻还停留在可以过下去，或者可以忍受下去的阶段，还有些忍无可忍，只能以破裂告终。

只有极个别的夫妻,才能达到"可意"的理想境界,这其中就有容若夫妇。

有清一代,论才华,论学识,自有少数人超过容若,可他们谁都没有像容若那么大的影响力。我有时候会想,容若能有如此庞大的"粉丝团",其中一大原因可能是他拥有别人不曾有的理想婚姻。身为女子,无不渴望着被一个男人至死不渝地爱着,而容若,则满足了她们关于理想伴侣的所有幻想,他对妻子的深情和厚意,从古至今也没有几个男人及得上。

两情相悦时,男人总爱对女人许下承诺,却很少有人能够做得到。就像那位著名的美人杨玉环,曾自以为得到了唐玄宗独一无二的爱,"后宫佳丽三千人,三千宠爱在一身",何等风光,何等荣幸。后宫的嫔妃,都叫他皇上,唯独她叫他三郎。她和她的三郎,曾在华清池畔的长生殿前,对着牛郎、织女星,以金钗钿盒为信物,许下了愿生生世世同为夫妇的约定。可誓言犹在耳边,转眼却是"宛转蛾眉马前死",当安史大乱、六军不发之际,她死于高力士的白绫之下。她的三郎,为了自己的性命和权势,眼睁睁地看着她死去。

数百年后的一个七夕,容若和妻子对着星河,也许下了愿生生世世同为夫妇的盟誓,也同样以金钗钿盒作为定情信物。

钿盒上有一扣一钮,暗合着同心之意。容若以此为信物时,只是想到这层美好寓意,却忘了其中暗含的不祥之兆,唐玄宗就曾送了金钗钿盒给杨玉环,最后却落得个"此恨绵绵无绝期"的下场。

他和妻子,对这段故事也相当熟悉,只是当时的他,自信不会如玄宗那样薄情，作为他的妻子，自然也不会像杨玉环那样薄命。死在马嵬坡前的杨玉环，让无数怜香惜玉的人为之坠泪，在说到《长恨歌》的故事时，他也曾愤愤不平地指责唐玄宗只顾着自保，连心爱的女子也保护不了。

"她一定恨死他了。"他感叹说。

妻子犹豫了片刻，忽然冒出一句话："未必。我猜，她自尽的时候，并不恨他。"

"真的吗？她一点都不怨他？为什么呢？"他很诧异，妻子为什么会有这样的想法。

她没有回答，只是望着他笑。

这个问题困扰了他很多年，他总是想，杨玉环到底怨不怨恨唐玄宗呢？最终的答案，几乎是到了他人生的终点，才揭晓出来。

七夕那晚定下的盟誓，因以钗钿为信而被容若称为"钗钿约"。金钗钿盒，本是象征忠贞爱情的美好信物，后来却变成了他触目伤心之物，不止一次出现在他的悼亡词中：

"钗钿约，竟抛弃"；

"亲持钿合梦中来，信天上、人间非幻"；

"金钗钿盒当时赠，历历春星。道休孤密约，鉴取深盟。语罢一丝清露湿银屏"。

金钗钿盒，是最经得起时间消磨的事物，当初他们以此为信物，还以为彼此的感情就会像这金钗钿盒一样牢固，却不料人的生命，远远比这冰冷的金钗钿盒要脆弱得多。命运凌驾于愿望之上，让人的力量显得如此微薄。这让人想起张爱玲在《倾城之恋》中所说的一段话："比起外界的力量，我们人是多么小，多么小！

可是我们偏要说：'我永远和你在一起；我们一生一世都别离开。'——好像我们自己做得了主似的。"

尽管如此，至少有一点，我们是做得了主的，就像容若对他的妻子，确实做到了情比金坚、永结同心，从这点来看，他没有辜负金钗钿盒的美好寓意。

嗜彼小星，寔命不犹

一生一代一双人，争教两处销魂。相思相望不相亲，天为谁春。

浆向蓝桥易乞，药成碧海难奔。若容相访饮牛津，相对忘贫。

这首《画堂春》究竟作于何时，为何人所作，还是颇有争议的。但绝大部分人都宁愿相信，这是容若怀念妻子的作品，只因在大多数读者心目中，唯有卢氏和容若这样的天作之合，才配称为"一生一代一双人"。

的确，卢氏是容若的一生挚爱，他和她之间，不仅有夫妻之情，还有知己之义，他们之间的感情，远远比他和其他女子更为深厚。但即便是这样，我们也不能完全忽略，容若身边的其他女子，比如说，颜氏。

颜氏，就像一个淡得看不见的影子，被遮蔽在容若和妻子举案齐眉的光芒之下，虽很少被人注意到，但她的的确确存在过。

没有人知道她的家世和名字，有人猜测，很有可能，她是像袭人那样的丫鬟出身，由于柔媚可人，被明珠夫妇看中，让她做了儿子的侍妾。那时容若失去了初恋,又错过了功名,这位姓颜的丫鬟便被明珠夫妇当成一份礼物,送给了儿子。

她的身份是侧室,也就是妾。古代妾室的地位普遍很低,妾,刚刚脱离奴婢的身份,却又算不得正经主子。身为妾室,不能参加家族的祭祀,娘家也不能列为丈夫的姻亲,连所生的儿女,都必须认丈夫的正妻为嫡母,妾只能算作庶母。她所生的儿女,却只能叫自己"姨娘",这未免有些残忍。

《诗经》中有一首诗,描写的正是侍妾的处境:

嘒彼小星,三五在东。肃肃宵征,夙夜在公,寔命不同。
嘒彼小星,维参与昴。肃肃宵征,抱衾与裯,寔命不犹。

在胡适、流沙河等人的解读中,此诗所写的正是妾室的卑微。按照诗中所写,那时候的妾室甚至不能与夫君度过通宵,而是抱着自己的被子、衣服,见星而往,见星而还。末了,还要安慰自己说,没什么可抱怨的,命有贵贱,只能怪自己命不好。小星,从此成了"妾"的代名词。

到了清朝,妾的地位仍然不高,只要看看贾府中赵姨娘、周姨娘的遭遇就知道了。妾室纵然得宠,在夫家的日子也并不好过。董小宛嫁给冒辟疆为妾时,一度传为佳话,可这些都是以董小宛的百般付出为代价的。身为秦淮八艳之一,她嫁入冒家后,却管弦一扫,洗铅华,一扫曲院中人的生活习惯,俯首低眉,取悦上下,吃饭时都不敢坐下,而是站在一旁,以便随时服侍公婆。正因操劳过度,积忧成疾,她嫁给冒辟疆后,仅仅活了九年就一病不起了。

颜氏比董小宛幸运，因为她嫁的是容若这样的男子。都说容若像宝玉，他们最大的相似之处，可能正是对女性发自肺腑的尊重和怜惜。他们的温柔纯粹出于天性，对遇到的每个女孩子，他们都能做到小心呵护，体贴尊重。

这样的容若，自然是不会苛待颜氏的，但要说对她有多少爱意，却又未必了。爱情是具有排他性和独占性的，他太爱他的妻子了，这份爱是如此专注，如此强烈，至于还能余下多少分给旁人，确实是一个疑问。

一夫多妻的关系里，难免会出现这种情况：不是东风压倒西风，就是西风压倒东风。颜氏这颗小星，自然是不敢同明月争辉的。不知道她看着夫君与卢氏出双入对，有没有起过嫉妒的念头，可身为妾室，她连嫉妒的资格都没有，只能一味温柔和顺。

除去妾室的身份，颜氏在容若生命中扮演的角色其实还挺重要，她是他第一个孩子的母亲，也是陪在他身边最久的女人。

康熙十四年（1675），容若二十一岁，颜氏为他生下了长子，取名为富格。新生儿的诞生给纳兰府增添了很多欢乐，这是容若的长子，也是明珠的长孙，他的降生自然意义非凡。而对于颜氏来说，最大的意义可能在于，她和夫君之间又多了一重联结，他们拥有了共同的孩子。

但也仅此而已，他们的关系，没有办法再进一步了。即便她是他的长子之母，即便后来卢氏早逝，她都不可能从妾晋升为他的妻子。门第、根基注定了她只能做一名妾，远远地守护在他身旁，偶尔得到他的垂怜，就已经是莫大的惊喜了。

她倒是安于自己的命运，恪守本分，顺从恭谦，从未有过任何奢望。她沉默地陪着容若走完了超过十年的人生路程；在他去世之后，她又沉默地抚养他留下的孩子，沉默地活了很多年。

纳兰家的人往往早逝，容若只活了三十一岁，他的二弟揆叙死于四十四岁，三弟揆芳离世时还不足三十岁。容若和揆芳的结发妻子也都死于二十出头的华年。

而颜氏，这个被大多数人忽略了的女人，反而一直活到了近八十岁的高龄。她的孙子，也就是富格的儿子瞻岱，算是纳兰家族中较有出息的后代，后来官至甘肃提督。瞻岱写过一个折子，其中提到颜氏于七十九岁过世，抚养两代遗孤达五十余年。托这位孙子的福，生前默默无闻的颜氏，死后被追封为一品诰命夫人。

可那又如何呢？死后的殊荣，哪里补偿得了生前的寂寞？

我妄自揣测，与一品夫人的头衔相比，她可能更愿意自己的名字和身影出现在容若的词里。那些缠绵悱恻的词句，倘若有一阕是为她而写；那种缱绻至极的柔情，倘若有一缕是因她而起；那她这一世，才算是没有白白地爱了一个词人一场。

第五卷 知交：青眼高歌俱未老

顾贞观：知我者，梁汾耳

康熙十五年（1676），可能是容若一生中最志得意满的一年。

这一年，二十二岁的他终于如愿参加了当年的殿试，此次殿试的题目是："子曰君子义以"一节，"诚者天之"一节，"人有恒言"至"在身"。君子之道，正是他所熟谙的，金殿之上，他挥笔立就，下纸千言，毫无悬念地中了进士，而且是二甲第七名的好成绩。日后，徐乾学在《神道碑》中回忆这位得意门生得中进士的经历，犹自赞叹他的少年得志："十九举礼部试，越三年廷对，敷事析理谙熟，出老宿儒上，结字端劲，合古法。诸公嗟叹，天子用嘉，成二甲进士。"

这一年，《通志堂经解》刊成，这部阐释儒家大义的洋洋大观之作，收录了先秦、唐、宋、元、明经解一百三十八种，容若自撰两种，共计一千八百卷。它一经问世，就引起了巨大的反响，从内阁武英殿到厂肆书籍铺，一版再版，容若"清初第一学人"之名，也由此奠定。

这一年，容若与妻子的感情更为深厚，他被任命为三等侍卫后，陪伴她的时间骤然少了许多，聚少离多的日子里，他越发认识到她对自己的重要性。就在这年冬天，妻子怀孕了，爱情的结晶即将诞生，整个纳兰府都洋溢着欢乐的气息。

也正是这一年，一位四十岁的江南落魄文人，带着满怀心事和两袖风雨再次步入了京城。京城，曾是他的失意之地，数年前他离开时曾发誓要退居江南，终老篱间，所以他此番再次进京，并不是为了谋取功名，而是为了营救一位被流放至宁古塔的友人。

这位文人，就是来自江苏无锡的顾贞观，也是容若的一生至交。对于容若来说，康熙十五年之所以重要，不是因为他在这一年高中进士，而是因为在这一年里，他结识了顾贞观。

顾贞观，明末东林党领袖顾宪成的四世孙，顾宪成是明末大儒，曾创办了东林学院，就算你没有听说过他在学问方面的成就，也一定听说过他自撰的名联：风声、雨声、读书声，声声入耳；家事、国事、天下事，事事关心。

出身于这样的书香世家，顾贞观从小就颇负才名。他十几岁时就参加了由江左名士吴兆骞发起的"慎交社"，年纪最小的他飞觞赋诗，才气横溢，与声名已隆的吴兆骞结成了生死之交。顺治十一年，他又与严绳孙、姜宸英、汪琬、秦松龄等人结社于无锡，称为"云门社"，云门十子，几乎囊括了当时所有知名的江南才士。

顾贞观二十几岁时，就因诗文而受当时的文坛盟主龚鼎孳赏识，在龚鼎孳的极力推荐下，入京谋职的他有幸入秘书院供职，有过接近康熙皇帝的机会，也曾随康熙南巡。可才高由来招人妒，由于他为人放荡不羁，恃才傲物，他在秘书院备受同僚排挤，康熙十年（1671）被迫挂冠归去。

因受排挤而不得不离开京城，顾贞观胸中的郁闷可想而知，不过才子就是才子，从那以后，他索性不以功名为念，而是饮酒填词，孤高自赏。他曾在词里，借菊自喻，说自己"衣白风流，欲傲君王紫"，一副自甘以布衣终老的落落狂生之态。

正因生性狷介，他再度入京时，心中还是不无忐忑的。老友徐乾学和严绳孙等人已为他在相府谋得了一份西席的职位，他这次来，名义上是去做容若的家庭教师，可实质上，他还怀揣着另一个目的，一个未能轻易启齿的目的——他想借相府公子之手，去营救他那在冰天雪地里受苦的朋友。

这时，容若年纪虽轻，可轻财好施、仗义勇为的名气，已经在京城的文人圈子中传了开来。顾贞观虽闻其名，却不大敢肯定，这位养尊处优的公子，是否真如人们所说的那样平易近人。

对于顾贞观，容若却是仰慕已久。他读过顾贞观的诗词，"爱君诗笔有奇气"，也听说过顾贞观的经历，对他的遭遇深表同情。

于是，在严绳孙等人的穿针引线之下，在那个世外仙境渌水亭，顾贞观与容若见面了。这年，他们一个四十岁，一个二十二岁，年龄相差了十八岁，却一见如故，成了忘年之交。对此，顾贞观曾说："岁丙辰，容若年二十有二，乃一见即恨识余之晚。"

古人说，白头如新，倾盖如故。人和人之间的投契，从来都不是看相识的长短，而是看相知的深度。有些人认识了半辈子，还只是熟悉的陌生人；有些人只打了个照面，却宛如认识了一辈子。

容若与顾贞观之所以如此相投，可能是因为他们在彼此身上，看到了另一个自己。在他们截然不同的外表下，有着同样不羁的灵魂和同样敏感的心思。郁郁不得志的顾贞观，羡慕容若天生的贵族风度，而在容若心目中，恰恰最想成为像顾贞观这样的江湖落落狂生。从某种程度上来说，他们正是对方最想成为的人，这注定了他们之间的互相吸引。

那一夜,他们谈诗论词,直至天亮。桐花万里路,连朝语不息,如此畅快淋漓,如此心心相印,交友无数的容若生平还是第一次体会到。畅谈之后,顾贞观珍重地送给容若一幅画像,然后飘然而去。

容若展开那幅画像,见绢中所画,正是顾贞观本人,他头上的帽子微微斜着,腰上佩剑,正在投壶为戏。画中的他风神俊朗,大似过江人物。如此潇洒出尘,难怪他们共同的朋友严绳孙曾写诗称许顾贞观,将他比作下凡的仙郎。

见了这幅《侧帽投壶图》,容若对顾贞观更是大为倾慕,他激动得再也难以入睡,顾不得彻夜未眠,当即研墨挥毫,在图旁题了一阕《金缕曲》:

德也狂生耳。偶然间、缁尘京国,乌衣门第。有酒惟浇赵州土,谁会成生此意。不信道、遂成知己。青眼高歌俱未老,向樽前、拭尽英雄泪。君不见,月如水。

共君此夜须沉醉。且由他、蛾眉谣诼,古今同忌。身世悠悠何足问,冷笑置之而已。寻思起、从头翻悔。一日心期千劫在,后身缘、恐结他生里。然诺重,君须记。

顾贞观赠予容若的这幅自画像,他本人侧帽、佩剑、做投壶状,一副疏狂不羁的文人形象。容若一见之下,顿时引为同类,脱口而出:"德也狂生耳!"

德,是容若的自称,他常常学汉人那样,自称为"德"。劈头第一句，容若就以狂生自许，就是说自己也和顾贞观一样狂放不羁，只是天意弄人，偶然投生在乌衣门第、繁华京城。旁人只觉得京城是温柔富贵之乡，可他却觉得，那种繁华喧嚣的生活，犹如尘土一样污染了自己洁白的身心。这种对功名富贵的鄙薄，与顾贞观是如此类似。

"有酒惟浇赵州土"，出自李贺的《浩歌》："买丝绣作平原君，有酒惟浇赵州土。"平原君是战国四公子之一，以爱才纳士闻名。李贺此诗的意思，是说世上已无像平原君这样的仁人志士，唯有挂上他的绣像，取酒浇其坟墓，来寄托对他的怀念。容若深恨世上才士得不到重用，所以才借对平原君的仰慕，来抒发对新识友人不受重用的同情。以往没有人能理解他的心情，万万没想到，却遇到了顾贞观这样的"解人"，难怪要引之为知己了。

"青眼高歌俱未老"，用的是阮籍的典故：阮籍善作青白眼，遇到不喜欢的人，就翻起白眼；遇到喜欢的朋友，则青眼以对。容若初逢顾贞观，同气相求，同音相和，自然是视以青眼，放声歌唱。所幸，他们都还不算老，正处于一生中的黄金时期，自当擦去感伤的眼泪，开怀畅饮，一醉方休。

顾贞观的郁郁不得志，容若早就有所耳闻，所以他亲切地安慰这位新认识的朋友，"且由他、蛾眉谣诼，古今同忌"。从古到今，才干出众的人，就如那相貌出众的美女，总是遭人忌恨的，那些谣言中伤，就由它去吧，面对诋毁，大可冷笑置之。

重要的是，"一日心期千劫在"。"劫"是佛家计算时间的量词，"千劫"也就是千日万载的意思。重情重义如容若，甫一见面，就认定了顾贞观这位知音，希望能和他结为长久的朋友。这还不够，他还要许下来生来世再为知己的约定，再三叮咛对方一定要记得自己郑重的承诺。

天下竟有容若这样痴心的人，不仅是对妻子，就连对朋友，他也希望能够将他们的情谊延续到永生永世。词中蕴含着如此灼热而深沉的感情，连数百年之后的我们读了，仿佛也能触摸到他那颗滚烫的赤子之心。

此词一出，迅速传遍了整个京城。时人称赞说词旨欹崎磊落，大有坡老（苏轼）、稼轩（辛弃疾）之风。容若的词名，由此大噪于天下。我们现在的人，喜欢的都是纳兰词中缠绵悱恻的作品，诸如"人生若只如初见""辛苦最怜天上月"之类，和容若同时代的人，却欣赏他词集中慷慨沉郁的那类词作，都不约而同地将这首《金缕曲·赠梁汾》当成他的代表作。

梁汾也就是顾贞观的字，可想而知，他收到了这首赠词后，会多么感动！容若的一片赤诚，任是铁石心肠的人也能被温暖，更何况顾贞观本就是至情至性之人。他一生中备受猜忌，半生都在不被人理解中度过，何曾想到，宰相府中一个不谙世事的公子，居然如此懂得他的失意和落寞。得友如此，夫复何求！

投我以木瓜，报之以琼瑶。顾贞观提起笔来，步容若的韵，也回了一首《金缕曲》给他：

且住为佳耳。任相猜，驰笺紫阁，曳裾朱第。不是世人皆欲杀，争显怜才真意？容易得，一人知己。惭愧王孙图报薄，只千金，当洒平生泪。曾不直，一杯水。

歌残击筑心逾醉。忆当年，侯生垂老，始逢无忌。亲在许身犹未得,侠烈今生已已。但结托,来生休悔。俄顷重投胶在漆,似旧曾,相识屠沽里。名预籍,石函记。

"忆当年,侯生垂老,始逢无忌",容若词中用到了平原君的典故,颇有以平原君自比的意思;顾贞观的这首《金缕曲》,则用到了信陵君的典故,但他自比的是信陵君门下的门客侯嬴。

信陵君姓魏名无忌,也是战国四公子之一。与平原君一样,他也喜欢结交朋友,礼贤下士。侯嬴本来寂寂无名,年纪很老了才当上魏国都城大梁的一名守门人。信陵君听说他是个贤士,于是在一次宴会之上,置满堂宾客于不顾,独独备了厚礼,亲自驾车去拜访侯嬴。

在周遭人士惊羡的目光中,侯嬴对信陵君的热情毫不推辞,大大咧咧地上了他的车。车开到中途时,他又说要去见一位在集市上卖肉的,是在集市上卖肉的。信陵君不忍拂他的意,便中途改道去了集市,侯嬴与朱亥长聊的时候,他就在一旁等候,惹得随从大感不公。

就是这个看上去毫不起眼的侯嬴,后来为信陵君想出了"窃符救赵"的奇计。那时秦王派大军围攻赵国的都城邯郸,赵国平原君的夫人正好是信陵君魏无忌的姐姐,平原君便托人向信陵君求救。信陵君求魏王发兵救赵,胆小的魏王却按兵不动。正当信陵君一筹莫展之际,侯嬴挺身而出,支招说让他窃符救赵。魏国将领晋鄙不肯交出兵符,朱亥便击杀了他,成功夺取了兵符,信陵君以兵符调动十万大军,终于击退了秦军,保全了赵国。侯嬴却在信陵君事成之际,自刎以谢知遇之恩,以表明自己不图回报。

诗人李白有感于侯嬴、朱亥的义气，写下了《侠客行》一诗。"三杯吐然诺，五岳倒为轻"，在这个初识的文弱公子身上，顾贞观看到了久违的侠风，面对如此古道热肠，他自然甘愿学那侯嬴，以一腔热血来报答公子的盛情。

"世人皆欲杀，吾意独怜才"，容若接到顾贞观答谢的这首词后，马上联想到了杜甫写给李白的那首诗。他这才明白，为什么这位望上去肃肃如松下风的江南才士，眉宇间锁着太多的沧桑。意犹未尽的他提起笔来，再一次写了首《金缕曲》赠予梁汾，这一次用的是秋水轩唱和的旧韵：

酒涴青衫卷，尽从前、风流京兆，闲情未遣。江左知名今廿载，枯树泪痕休泫。摇落尽、玉蛾金茧。多少殷勤红叶句，御沟深、不似天河浅。空省识，画图展。

高才自古难通显。枉教他、堵墙落笔，凌云书扁。入洛游梁重到处，骇看村庄吠犬。独憔悴、斯人不免。袞袞门前题凤客，竟居然、润色朝家典。凭触忌，舌难剪。

"高才自古难通显"，顾贞观读到这句词时，顿然为之涕下。感同身受从来都是一件太难的事，而此刻，它居然发生在两个命运截然不同的人身上，他知道，唯有深切了解他的不幸，同情他的遭遇的人，才能写出这样的词来。

两个地位、年龄悬殊的人，一见面即如平生欢。容若对顾贞观极为爱重，虽有师生之名，他却常常亲昵地称顾贞观为"顾虎头"。虎头是东晋画家顾恺之的外号，顾恺之也是无锡人，号称三绝，分别是才绝、画绝、痴绝。容若将顾贞观比成顾恺之，正是喜爱他身上的一团痴气。

在凡俗人士的眼里，他们就是两个"极于情"的痴人。顾贞观说容若"以风雅为性命，以朋友为肺腑"，他自己又何尝不是如此？世俗所看重的功名利禄，他们偏偏要鄙薄；世俗所轻视的友情词学，他们偏偏看得比性命还重要。

容若受顾贞观的影响极大，他的第一本词集题名为《侧帽词》，既是取独孤信侧帽风流之典，也是源于顾贞观赠予他的《侧帽投壶图》。随着他赠予顾贞观的《金缕曲》传遍京城，《侧帽词》也随之名声大振。

这两个人，不仅才华相当、性情相投，对诗词的看法也相当一致。顾贞观和容若一样，写词也纯任性情，陈廷焯称他的词"全以情胜"。两人谈论诗词之余，决定合力编一本词集，以书写性灵的标准来筛选当代名家。

这本词集，就是有名的《今初词集》，共收入明末清初间的词人一百八十四个，词作六百余篇。有清一代，词坛堪与两宋相媲美，有中兴之称。词坛之盛，不在于词作之繁，而在于名家之多。但名家一多，谁的词多选些，谁的词少选些，都成了问题。

顾贞观与容若在汇编之时，容若曾问他："梁汾兄，从明末至今三十余年，词坛名宿当以何人为冠？"

顾贞观沉吟片刻，笑道："我心中已有一人，不知和容若兄所想那人是否一致。"

容若提议道："不如我们各写一个名字，看看是不是同一个人？"

顾贞观欣然同意。

当两人转过身来，展示各自在纸上写下的名字时，却见写下的都是五个字——"云间陈子龙"。

后来词集编定时，陈子龙入选的词果然最多，达二十九首，这传达了一个明确的信号：两位编者不约而同地将陈子龙看成了清词的开山祖师。紧随其后的是刚刚过世不久的龚鼎孳，选词达二十七首。容若举贤不避亲，执意将顾贞观排在第三，选词二十四首。吴绮、朱彝尊、宋征舆入选的词作均超过二十首；容若、严绳孙、吴伟业、陈维崧等人也均有十首以上的词作入选。

词集的编选，不仅能展现当时的词坛风貌，更重要的是能体现编者的审美眼光。关于《今初词集》的选词标准，清代著名学者毛际可在跋文中写道：

"近世词学之盛，颉颃古人，然其卑者掇拾《花间》《草堂》数卷之书，便以骚坛自命，每叹江河日下。今梁汾、容若两君权衡是选，主于铲削浮艳，舒写性灵，采四方名作，积成卷轴，遂为本朝三十年填词之准的。"

可见作为汇编者，顾贞观和容若选词遵循的共同原则是"铲削浮艳、舒写性灵"，并由此确立了有清一代填词的美学标准，开启了袁枚"性灵说"的先声。

清代词坛，派系云立，先后涌现了云间词派、西泠词派、阳羡词派、浙西词派、常州词派等。顾贞观与容若二人却特立独行，不属于任何一个派别。如果非要将他们归类的话，或许可以把他们看成"性灵词派"的开派宗师。

绝塞生还吴季子

"季子平安否？便归来，平生万事，那堪回首……"容若手里捧着一纸词，纸上墨迹未干，他边读边沉思，不知不觉间竟坠下泪来，洇湿了纸上的字迹。他读过顾贞观的所有诗词，但从来没有一首词像这两首《金缕曲》这样感人肺腑，他在其中，读到了男人之间的深情厚谊、一诺千金。

就是从读到这首词开始，他暗自下定了决心，一定要达成好友的心愿，帮助他救出他那在冰天雪地中苦苦挣扎的朋友吴季子。

吴季子，大名叫作吴兆骞，清初著名的"江南三凤"之一，也是顺治年间丁酉科场案的受害人之一。吴兆骞少负才名，九岁即能作《胆赋》，十岁作《京都赋》，时人惊为天才。他性格简傲狂放，小时候在私塾就读时一见人脱下帽子，就会偷偷在帽子中撒尿，老师计青辚责问他，他却不以为然地回答说："帽子与其戴在俗人的头上，还不如用来装尿。"计青辚因此感叹说："这孩子长大后必有盛名，但恐怕会惹祸上身。"

吴兆骞长大之后，果然才名满江东，被诗人吴伟业称为"江左三凤凰"之一。他和宋德宜等人结成"慎交社"，常和前辈诗人吴伟业等唱和，作诗有风起云腾之势，惹得满座皆叹。他甚为得意，曾对汪琬引古人的话说："江左无我，卿当独步！"其张狂如此，自然惹人非议。他为人高傲，独独对一同结社的顾贞观青睐有加，两人的交情尤为亲厚。

太过高傲的人不仅招人嫉恨，也招老天嫉恨。顺治十四年（1657），志在必得的吴兆骞参加了当年的江南乡试，自以为一击即中。他确实发挥出色，一举考中了举人。孰料这年乡试中有人贿赂考官，营私舞弊，消息传到京城，顺治皇帝大怒，当即处死了江南乡试中的考官们，并勒令中举的举人上京复试。

吴兆骞就这样被押解到了京城，相传在金殿之上，他头一次面对威严的皇帝与持刀的武士，被吓得两股战栗，答不出题来，只得交了白卷。

这下天子更是震怒，直接下令剥夺了他举人的称号，痛打四十板，籍没财产，然后与其他八名举人一同流放宁古塔。这样的处置着实太重了，可顺治皇帝早就看不惯这些不把清朝皇室放在眼里的江南文人了，正好借机打击一下他们的傲气。

三百多年前的宁古塔，位于黑龙江的极北之地，天寒地冻，飞沙走石，别说人了，连鸟迹都罕至。吴兆骞带着一家老少，跋涉了整整一百二十天才来到这里。这位看惯了江南山水的才子，骤然来到这样的边塞苦寒之地，内心的痛楚可想而知。他曾写信给朋友说："宁古寒苦天下所无，自春初到四月中旬，大风如雷鸣电激咫尺皆迷，五月至七月阴雨接连，八月中旬即下大雪，九月初河水尽冻。雪才到地即成坚冰，一望千里皆茫茫白雪。"

当时的文人，大多深深地同情蒙受了不白之冤的吴兆骞。素来有些敢怒不敢言的吴伟业，也忍不住为他抱不平，特意写了首《悲歌赠吴季子》寄给他：

> 人生千里与万里，黯然销魂别而已。
> 君独何为至于此？
> 山非山兮水非水，生非生兮死非死。
> 十三学经并学史，生在江南长纨绮。
> 词赋翩翩众莫比，白璧青蝇见排抵。
> 一朝束缚去，上书难自理，绝塞千山断行李。
> 送吏泪不止，流人复何倚？
> 彼尚愁不归，我行定已矣！
> 八月龙沙雪花起，橐驼垂腰马没耳。
> 白骨皑皑经战垒，黑河无船渡者几？
> 前忧猛虎后苍兕，土穴偷生若蝼蚁。
> 大鱼如山不见尾，张鬐为风沫为雨。
> 日月倒行入海底，白昼相逢半人鬼。
> 噫嘻乎，悲哉！
> 生男聪明慎勿喜，仓颉夜哭良有以。
> 受患只从读书始，君不见，吴季子。

　　写过"恸哭六军俱缟素，冲冠一怒为红颜"的吴伟业，写起长篇歌行来确实无人可比。这首《悲歌赠吴季子》写得何等悲凉，既是一首送给吴兆骞的悲歌，也是一首物伤其类的哀歌。天威难测，谁知道在清朝皇帝的统治下，下一个无辜被冤的牺牲品会不会是自己呢？

苏轼在经历乌台诗案后，曾感慨说"人生识字忧患始"；吴伟业也替命运多舛的吴兆骞感叹，"受患只从读书始"。可他所能做的，无非是为这位后辈的不幸悲歌一场、狂哭一番罢了。

包括吴伟业在内的很多人都为救回吴兆骞奔走过，这其中，出力最多、周旋最久的就是顾贞观。从顺治十四年（1657）到康熙十五年（1676），距离江南科场案已经过了整整十九年，这十九年间，他各方奔波，到处求人，从来没有放弃过对好友的营救。吴兆骞被流放到宁古塔时，容若还只有四岁，谁也没想到，最后让他"生入玉门关"的，居然是这么一位年轻公子。

经历了此次劫难后的吴兆骞，诗文中仿佛也染上了苦寒之地的气息，一洗江南的绮罗香泽之态，变得越发悲凉雄壮了。他在宁古塔，射长白雉，钓松江鱼，可心里无时无刻不在思念着远方的故乡，在给顾贞观的一封信里，他写道：

> 塞外苦寒，四时冰雪，鸣镝呼风，哀笳带血，一身飘零，双鬓渐星。妇复多病，一男两女，藜藿不充，回念老母，茕然在堂，迢递关河，归省无日……

老友在那四时冰雪之地，过得竟如此辛苦，谁知道他还能支撑多久！顾贞观的心情变得尤为迫切，康熙十五年刚认识容若不久，他就为吴兆骞向其求援。容若当时并没有马上应允，而是说要考虑一下。

以容若之古道热肠，为何不肯痛快地答应顾贞观的请求？只因他知道，此事难度很大，牵涉的并不仅仅是吴兆骞一人，而是关系着整个清廷对江南文人的态度。兹事体大,因此他并不敢轻易许诺。

顾贞观也没有放弃,那年冬天,他寓居在京郊的千佛寺内,适逢下雪,见到寺中白茫茫一片雪地,他念及宁古塔的好友惨苦无助,又想到自己百般奔走,却无计可施,百感交集之下,挥笔写下了两首词:

季子平安否?便归来,平生万事,那堪回首?行路悠悠谁慰藉?母老家贫子幼。记不起,从前杯酒,魑魅搏人应见惯,总输他,覆雨翻云手。冰与雪,周旋久。

泪痕莫滴牛衣透,数天涯,依然骨肉,几家能够?比似红颜多薄命,更不知今还有。只绝塞、苦寒难受,廿载包胥承一诺,盼乌头马角终相救。置此札,君怀袖。

我亦飘零久,十年来,深恩负尽,死生师友。宿昔齐名非忝窃,试看杜陵消瘦。曾不减,夜郎僝僽。薄命长辞知己别,问人生,到此凄凉否?千万恨,为君剖。

兄生辛未我丁丑,共此时,冰霜摧折,早衰蒲柳。词赋从今须少作,留取心魂相守。但愿得,河清人寿。归日急翻行戍稿,把空名,料理传身后。言不尽,观顿首。

——《金缕曲·寄吴汉槎宁古塔,以词代书。丙辰冬,
寓京师千佛寺,冰雪中作》

这两阕《金缕曲》,常常被人称为清词的压卷之作。一字一泪,

叮咛告诫，仿佛都从肺腑中自然流出，将好友的坎坷经历与自己的艰难身世打成一片，娓娓道来，细细剖白，汇入了千古不幸文人的同声一哭。

此两首词以词代书，劈头就是"季子平安否"，如家常说话，殷殷叮嘱若在耳畔，两人的知己之情、身世之感一一如见，悲之深，慰之切，足以惊天地、泣鬼神，难怪陈廷焯在《白雨斋词话》中将其奉为"千秋绝调"。清代词作异彩纷呈，可只要评选其中最精彩的作品，就绕不开顾贞观的这两首《金缕曲》，更有不少人推认此两首词为清词之冠。同时代人纷纷仿作，可没有一首及得上顾贞观所作，只因词章文采可以模仿，这其中的深情厚谊却是模仿不来的。

相国府中的容若也读到了这两阕词，不得不说，再婉转动人的故事也比不上词的感发力量。他早就听说过吴兆骞的故事，可直到读了这两首词后，才深切地体会到什么是生死之谊、至情之作。日后，他在为吴兆骞所写的祭文中也剖白说："自我昔年，邂逅梁溪。子有死友，非此而谁。《金缕》一章，声与泣随。我誓返子，实由此词。"

容若读过这两首《金缕曲》后，为之泪下数行，感动地说："河梁生别之诗，山阳死友之传，得此而三。""河梁生别之诗"，是指当年李陵送别苏武，自知再难聚首，洒泪为老友赋诗；"山阳死友之传"，则是指嵇康死后，向秀经过他的旧宅，听到邻人吹笛，思念死去的朋友作下了《思旧赋》。在容若眼里，若论感人至深的程度，顾贞观所作的《金缕曲》足以与李陵的河梁诗、向秀的《思旧赋》相提并论。

他当即含泪向顾贞观许诺："此事三千六百日中，弟当以身任之，不俟兄再嘱也。"他答应好友，以十年为期，设法让吴兆骞生还。

十年！顾贞观听到容若的话，心里不禁咯噔一下。十年，他等得起，但他知道，宁古塔的吴兆骞可能等不起了，严寒早就摧毁了他的健康，在那四时冰雪之地，病骨支离的他哪还能熬得过十年！

"五年，五年如何？"顾贞观自知这样的要求有些过分，却还是忍不住提了出来。

"好。一言为定。"容若沉吟片刻，终于答应了他，不仅如此，他还特意写了首词来答复好友：

洒尽无端泪，莫因他、琼楼寂寞，误来人世。信道痴儿多厚福，谁遣偏生明慧。莫更著、浮名相累。仕宦何妨如断梗，只那将、声影供群吠。天欲问，且休矣。

情深我自拚憔悴。转丁宁、香怜易爇，玉怜轻碎。羡杀软红尘里客，一味醉生梦死。歌与哭、任猜何意。绝塞生还吴季子，算眼前、此外皆闲事。知我者，梁汾耳。

——《金缕曲·简梁汾，时方为吴汉槎作归计》

容若的这首《金缕曲》，同样是以词代书。"绝塞生还吴季子，算眼前、此外皆闲事"，他借这句词，郑重地给出了他的回答、他的承诺。都说一诺千金，因为笃诚君子从不轻易许诺，一旦给出承诺，就算拼尽全力也要做到。

顾贞观看到这首词时，感动得泪盈于睫。不必再多叮咛了，他知道，容若已毅然担负起营救吴兆骞的重任，"绝塞生还吴季子"，有了这庄重的承诺，他相信，吴兆骞一定会如期从塞外返还，不需要再叮嘱，连感谢的话也无须多说。

他想得没错。

为了让吴兆骞如期归来，容若到处周旋，不止一次去向父亲明珠求情。明珠考虑到此事非同小可，并没有一口答应。容若没有放弃，而是精心安排了顾贞观来拜访明珠。

当时明珠正在宴客，见顾贞观来访，就将他带到书房，故意举起一大杯酒对他说："素闻先生不善饮酒，不知为了吴季子，可否饮尽此杯？"

顾贞观素不饮酒，此时却二话没说，接过酒杯，一饮而尽。

明珠还想试一下他的诚心，于是又给他出了一道难题："我们旗人素来注重礼数，见面即行屈膝礼，先生是南方人，想必不肯学我们旗人这样屈膝请安吧。"

意想不到的是，一贯孤傲的顾贞观，想都没想就立即上前行屈膝礼。

明珠只是想考验考验他，哪里会真的让他行礼，此时连忙上前扶起，笑吟吟地说道："先生快请起，我只不过是开个玩笑，没想到您对朋友的赤胆忠心，居然到了如此地步。即便您不饮这杯酒，我也会设法救吴季子的，先生尽管放心。"

明珠此人，其实也有轻财仗义的一面，他答应援助吴兆骞，不排除有以此赢得美名的目的，但我们也不要因此就否定了他的见义勇为。明珠之所以肯一口应承顾贞观的请求，也是因为他善于审时度势,早察觉到康熙和其父亲顺治对江南文士的态度并不相同,既然当朝天子都有心想笼络江南文士了,他这个做臣子的又何不顺应君心,做个顺水人情呢。

有了本朝权相的帮忙,吴兆骞的归来,已经没有多大悬念。但此过程并非一帆风顺,而是几经波折,这其中,离不开容若的坚持与努力。

容若在营救吴兆骞一事中表现出来的侠肝义胆,在当时的京师已传为佳话。清人谢章铤在《赌棋山庄词话》中感慨地说:"今之人,总角之友,长大忘之。贫贱之友,富贵忘之。相勖以道义,而相失以世情。相怜以文章,而相妒以功利。吾友吾且负之矣,能爱友人之友如容若哉!"

人性自古至今皆是如此,很多时候人们交朋友,总是抱着功利的目的,只和对自己有好处的人交往。小时候交的朋友,大了就忘记了;穷的时候交的朋友,一旦富贵就抛弃了。朋友们相交的时候,彼此都以道义互勉,结果却因为势利的世态人情而失去了友谊。朋友间互相珍重是因为彼此的文章学问,可一旦牵涉到利益就会互相妒忌。这就是世态常情啊!对于自己的朋友,很多人都会辜负,谁能够做到像容若那样,对朋友的朋友也如此珍爱,不惜全力帮助呢?

这正是容若的可贵之处,人们总以为他就是个多愁善感的贵公子,殊不知,他就像梁羽生笔下的书生侠客一样,不仅有万缕柔肠,更有一身侠骨。真正值得称道的才子,都是这类侠骨柔肠式的人物吧。有侠骨,才会有担当;有柔肠,才会有深情。后世学纳兰的才子,大多柔靡无骨,他们比容若所差的,正是这一身铮铮侠骨。

公子和他的"十二金钗"

> 长安游侠子,黄金视如土。结交及屠博,安知重珪组。
> 一朝列华筵,羞与朱履伍。惜哉意气尽,委身逐倾吐。
> 时俗尚唯阿,至人亦伛偻。惟昔有赠言,深藏乃良贾。

这首题为《拟古》的诗可以看作容若的夫子自道。在诗中,他热烈地称赞那位挥金如土、结交屠博的长安游侠子。这位游侠子是如此与众不同,世人都爱结交豪门贵官,他却"羞与朱履伍",而是宁愿与世俗看不起的贫贱之辈做朋友。

如果对容若的朋友圈略有了解,就会发现,诗中的这位"游侠子",俨然就是他本人的化身。容若对朋友,一派侠士风度,完全做到了视黄金如粪土,以朋友为性命。关于容若的交友之道,好友兼同门韩菼形容他"达官贵人相接如平常,而结分义,输情愫,率单寒羁孤侘傺困郁守志不肯悦俗之士"。

容若结交朋友,不看重功名地位,只在乎才学性情。冲着他相府公子的身份,不少贵介名流跑过来想认识他,可他呢,只要觉得对方不是同道中人,听到通报后就躲起来,连一面也不肯见,他尤其不喜欢与那些炙手可热的官场新贵打交道。与之相反,对那些饱读诗书而沉沦下僚的落魄之士,他倒是主动结交,百计款待,唯恐怠慢了他们。

老师徐乾学对这位门生的朋友圈子十分熟悉,说他"尤不喜交软热人",又说:"君所交游,皆一时俊异,于世所称落落寡合者,若无锡严绳孙、顾贞观、秦松龄,宜兴陈维崧,慈溪姜宸英,尤所契合。"所谓"于世落落寡合者",也就是仕途多舛、地位不高的文士,可这些落魄才子,与容若却非常投契。除了徐乾学所说的那些人物,和容若交往甚密的还有朱彝尊、翁叔元、梁佩兰等人。

巧的是,这些才士基本上都来自江南。于是,在风沙满地的京城,以容若为中心,竟形成了一个江南文士圈。而容若,则是这个圈子中唯一的一个北方人,也是众星捧月的中心人物。

这个圈子几乎囊括了清初大部分的著名文人才士,在当时就备受瞩目。由于很多人都把容若看成宝玉的原型,便有人也将他身边的朋友们与大观园中的人物一一对号入座。更有甚者,甚至"化雄为雌",将这些名士附会为"十二金钗"。

清人徐柳泉曾在笔记中说:"《红楼梦》一书,即记故相明珠家事。金钗十二,皆纳兰侍卫所奉为上客者也。宝钗影高澹人;妙玉即影西溟先生:'妙'为'少女','姜'亦妇人之美称;'如玉''如英',义可通假……"

直至近代,蔡元培、胡适等学者更是将这一理论发扬光大,细加阐释。容若的师友们与"十二金钗"在他们的推论中一一对应,比如:

林黛玉,影射朱彝尊。因朱彝尊字竹垞,黛玉的前身是绛珠仙草，绛即是朱红色，对应"朱"姓，黛玉又住在潇湘馆，有千竿幽竹，正是竹之士宅（竹坨）。

薛宝钗，影射容若的书法老师高士奇。林逋曾有诗云"雪满山中高士卧，月明林下美人来"，宝钗之姓薛，正是"雪"的谐音，她的判词中又有"山中高士晶莹雪"，可见处处都切合高士奇之名。

探春，则是容若老师徐乾学的化身。徐乾学的名字中有一个乾字，乾卦作"☰"，故探春称三姑娘。徐乾学又是进士一甲第三名，俗称"探花"，故三姑娘名探春。

史湘云，即无锡陈维崧。陈维崧号迦陵，史湘云随身戴着金麒麟，麒麟的音与"迦陵"相谐。湘云姓史，是因陈维崧曾在翰林院修《明史》。

妙玉，即姜宸英。姜为少女，以妙代之。《诗》曰"美如玉"。"美如英"，用"玉"字来代替"英"，合起来正是"妙玉"。

王熙凤，影射的是余国柱。余国柱曾任武英殿大学士，是明珠一党的重要人物，容若平时也拿他当老师一样尊重。王姓是柱字一边的偏旁所化，繁体字国中间有两个王字，因此王熙凤的丈夫名叫贾琏，意思是"二王相连"。

此外，惜春即严绳孙，宝琴是冒辟疆，刘姥姥是汤斌……

这样的比附，未免太过牵强附会，照现在的红学家来看，简直不值一提。但有趣的是，抛开精巧的文字比附不谈，这些名士的性格脾气，倒和他们所对应的"金钗"的确很类似。

如陈维崧，这位清初阳羡派的掌门人，为人豪爽风流，不拘小节，词作慷慨激昂，大有江湖豪侠之风，性情确实与女中豪杰史湘云有相通之处。容若很欣赏他的名士风度，写过一首词为他题照：

> 乌丝曲倩红儿谱，萧然半壁惊秋雨。曲罢髻鬟偏，风姿真可怜。
>
> 须髯浑似戟，时作簪花剧。背立讶卿卿，知卿无那情。
>
> ——《菩萨蛮·为陈其年题照》

词写得非常诙谐，陈维崧长着一副络腮胡子，有"陈髯"的外号，所以容若在词里说他"须髯浑似戟"，有开玩笑的成分，可见他们之间的关系十分融洽。

这位满脸络腮胡的雄壮男子，偏偏喜欢以在头上簪花为乐。如此风流倜傥、俊异非凡，让人不禁想起《红楼梦》中史湘云醉卧海棠树下，犹自香梦沉酣的场景。

还有姜宸英，在容若的朋友中，以他的性情最为狷介孤高，若论自命不凡、目下无尘，这点与妙玉倒是如出一辙。姜宸英自负才气，却频频落榜，以至于牢骚满腹，脾气也越来越大，在纳兰府中做客时，他一不如意就大发脾气，终日叫号，容若却一点都不怪罪他，反而小心规劝，百般慰藉，生怕委屈了他。

姜宸英虽以清高自许，其实却热衷于仕进，屡屡下第，又屡屡应试，以至于常常有人笑他"假清高"。"欲洁何曾洁，云空未必空"，这样的矛盾个性，同样存在于妙玉身上。妙玉和姜宸英一样，自视甚高却不得不依傍他人，久而久之，就像刺猬一样用满身的刺来保护自己脆弱的自尊。

不过，我不同意将黛玉比作朱彝尊，将宝钗比作高士奇。如果一定要这样比附的话，我觉得倒不如将黛玉比作顾贞观，将宝钗比作严绳孙。这两个人，才是容若最为看重、交情也最深厚的两位朋友。

严绳孙，字荪友，和顾贞观一样是江苏无锡人，也是"云门十子"之一。他的性格冲淡平和，其人其词都大有隐士之风，和那位虚有其名，事实上却热衷利禄的高士奇大不相同。和宝钗一样，他才是真正的"山中高士晶莹雪"。

严绳孙有很重的遗少情结，清军入关之后，他就绝意仕进，晚年自号藕荡渔人，甘于以布衣终老。康熙开博学鸿辞科时，执意请人邀他参加，他出于应付，仅仅作了一首诗之后就搁笔而去，可见是真淡泊。

宝钗曾指点宝玉修改诗句，被他戏称为"一字师"，又曾借戏文敲打他，点破他的执迷之心。严绳孙在容若的生命中，扮演的也是一个指点迷津的角色。容若生性谨慎，与外人闲聊只谈风月，不涉朝堂，唯有在严绳孙面前，他可以卸下防备，纵论时事。

有一个时期，严绳孙借居在纳兰府中，长达数年之久。谈诗论文之余，容若常和他纵论天下事，臧否人物，评论政事，无所隐讳。在对功名的淡泊与对仕宦的厌倦方面，严绳孙与容若是一致的。他曾以布衣入翰林，深受康熙宠信，相传有人中伤他时，康熙曾对左右说，"严某好人"。这在他人看来，是种无上的荣耀，他却深知仕途险峻，宁愿激流勇退，曾写诗咏怀说：

不是恩深便拂衣，涓埃生死报应稀；
吴牛避热先愁喘，宋鹢冲风且退飞。

> 十载青云双凤阙，三春红雨一渔矶；
> 去来我亦无心者，何必从人定是非。

京城何等繁华，"云里帝城双凤阙，雨中春树万人家"，可在严绳孙的心目中，京城虽好，却不是久恋之地，还是江南的三春红雨、渔矶孤帆更适合他。

"几时归去，作个闲人，对一张琴、一壶酒、一溪云。"这是严绳孙的理想，也是容若的理想，可他知道，自己没有办法像好友那样超然物外，这使得他越发羡慕严绳孙。翻开纳兰全集，一首首《送荪友》，数量之多，情谊之真，在他诸多赠友人之作中仅次于顾贞观。

顾贞观，容若生命中最重要的朋友，也是除了妻子卢氏之外，他生平唯一的知己。据顾贞观自己说，容若对他的感情无异于兄弟，"其敬我不啻于兄，其爱我不啻于弟"，对他就像对亲哥哥一样尊敬，像对亲弟弟一样爱护。有一次，容若拉着儿子的手对顾贞观说："我的儿子就好比兄长你的亲侄子。"然后又对儿子说，"孩子，这好比你的亲伯父！"

容若平时和好友们宴饮为乐，难免会作诗填词，以助宴会之乐。每每这个时候，容若总是顾不上自己，反而一心惦念着顾贞观，生怕他的作品落在其他人的后面。如果顾贞观的作品被朋友们评为翘楚，他就会喜不自胜。这一幕，和大观园中结诗社的场景何等相似：姐妹们每每对着海棠秋菊吟咏时，宝玉也是唯恐黛玉落了下风；菊花社中黛玉夺魁，他比自己中了头彩还要高兴；至于他本人，一向是甘陪末座，乐于为众姐妹垫底的。

容若在朋友们的聚会里，也总是甘于做这样一个"陪衬人"。他所结交的朋友，大多比他年长许多，顾贞观比他大十八岁，严绳孙比他大三十二岁，姜宸英比他大二十七岁，朱彝尊比他大二十六岁，陈维崧比他大二十九岁，梁佩兰比他大二十六岁。李商隐曾写诗说他和刘蕡之间是"平生风义兼师友"，容若和朋友之间，恰好也是这种亦师亦友的关系。他对他的朋友，除爱惜之外，还多了一份敬重。

张岱说："人无癖不可与交，以其无深情也；人无疵不可与交，以其无真气也。"容若的这些朋友，落魄如顾贞观，孤傲如姜宸英，在俗人们的眼中，浑身都是缺点，他却觉得他们弥足珍贵，因为以他的交友标准来衡量，他的每位朋友，都有着时人难及的深情与真气。

对于这些落落寡合、特立独行的朋友，容若一旦认定是同类，就能够敞开心扉，热诚以待，就像他的朋友梁佩兰所说的那样，他真正做到了"黄金如土，唯义是赴；见才必怜，见贤必慕"。

身为相门公子，容若从不吝惜以自己的身份、地位和金钱，对处于困顿中的朋友施以援手。翁叔元长年流落京城，背井离乡十五年，容若听说他的窘境后，特意为他打点行装、提供路费，让他得以回去为父母扫墓；秦松龄曾卷入官场纷争，他为之上下奔走，极力维护，终于让这位朋友得以脱离风险；顾贞观寄居寺庙，无处容身，他就特意构筑了几间精致的茅斋，几次三番邀请好友来同住。

最为难能可贵的是，他从不以施恩者的角色自居，而是真心地敬重对方的人品，小心翼翼地呵护着对方的自尊心。对他的尊重与体贴，朋友们无不深为感激，姜宸英就曾在祭容若的文章中写道：

> 兄一见我，怪我落落；转亦以此，赏我标格……数兄知我，其端非一。我常箕踞，对客欠伸，兄不余傲，知我任真。我时漫骂，无问高爵，兄不余狂，知余疾恶。激昂论事，眼睁舌挢，兄为抵掌，助之叫号。有时对酒，雪涕悲歌，谓余失志，孤愤则那。彼何人斯，实应且憎，余色拒之，兄门固扃。

对于姜宸英的狂傲悖世与不近人情，容若处处体谅，哪怕是高声漫骂，他也不以为意。这就是人人都爱容若的缘故，他有一百个值得骄傲的理由，却总是在深爱的朋友和女子面前如此谦卑。或者可以说，唯有懂得谦卑的人，才能够真正地爱惜一个人。

与此相应，他也得到了世上最珍贵的回报——一群真正称得上知己的朋友。那些冲着容若身份地位而来的势利之人，是折服于他相府公子的光环；唯有这群知己，是被光环下那个真实的容若所吸引。只知道卖弄优越感的人，是永远无法得到肝胆相照的友谊的。

第六卷　悼亡：当时只道是寻常

伤逝：一宵冷雨葬名花

  康熙十六年（1677），纳兰府内喜事连连：明珠在这一年被擢拔为武英殿大学士，攀上了权力的顶峰；容若的妻子也已怀胎数月，算算临产的日期，正是暮春时节；此外，容若不久前被任命为三等侍卫，身边又有了一群志同道合的朋友。他这一阶段的人生，几乎可以用"圆满"二字来形容了。

  但世间万物，最忌讳的就是"圆满"二字。盛极必衰，物极必反：花儿盛开得最灿烂的时候，恰恰是凋零的前兆；月亮最圆的时候，恰恰就要开始变缺。富有智慧的古人早就总结过，最好的境界，并不是十全十美，而是花未全开月未圆。

  可那时候容若还太年轻，如何能够明白这个道理呢？年轻气盛的时候，总是追求完美，他就是要那花常开，月常圆。

  沉浸在喜悦之中的容若孩子气十足，他常常伏在妻子凸出的小腹上，听那腹中传来的清晰有力的心跳声。当妻子问他想要一个男孩还是女孩时，他认真地回答说："我只想要一个像你的孩子。"妻子笑着说，她也想要一个像他的孩子。

  两情相悦的人就是如此，他们总是希望孩子能够像自己所爱的人，这样的话，就能够弥补那些没能够陪对方一起长大的遗憾。

这对年轻的夫妻一起设想着，他们共同的孩子长什么样，他（她）会有她一样俊秀的眉眼，也会有他一样挺直的鼻梁，最理想的是，能够继承他们共同的优点。

闲暇的时候，她会偎在窗前，为即将诞生的孩子缝制一些小衣衫、小鞋子，他则手忙脚乱地守在她身旁，一会儿担心早春的风太冷了，赶紧添上一扇遮寒的屏风；一会儿又怕椅子太硬她坐得不舒服，连忙拿来一个软软的、暖暖的垫子垫在她身后。有时她会嫌他多事，笑吟吟地赶他走，他怎么舍得走呢，索性拿出绢纸，对着窗前的她画起画像来。画着画着又沮丧地搁了笔，他的画技再好，又怎画得出她十分之一的生动？

> 旋拂轻容写洛神。须知浅笑是深颦。十分天与可怜春。
> 掩抑薄寒施软障，抱持纤影藉芳茵。未能无意下香尘。
>
> ——《浣溪沙》

这首《浣溪沙》写得轻快活泼，将一个深陷于爱情中的男子形象刻画得栩栩如生，他是那么爱她，以至于怎么做都觉得不够，生怕她受了冻，着了凉。她的一颦一笑，在他看来都是如此美，令他的画技相形见绌。

眼前的这个女子，多么像是曹子建笔下那位凌波微步、罗袜生尘的洛神啊！尽管每天都生活在一起，他总觉得她不是凡俗中人，而是天上的仙子偶然误入红尘，她身上没有一丝凡俗的气息，看起来那样飘逸出尘，仿佛风一吹，就会将她带走一般。

想到这里，他心念一动，搁下了画笔，对她说起了"唤真真"

的故事。这个故事说的是,唐代有一个叫赵颜的进士,无意中从画工那里得到了一幅软障图,图中画着一个容颜极为秀丽的女子。赵颜突发奇想,对画工说:"你有法子让画中的女子成为活人吗?我想娶她为妻。"画工一本正经地告诉他:"我这一幅画本来就是神画,这画上的女子,名叫真真,你只要呼唤她的名字一百日,她一定会出声答应你。到时你再给她喝百家彩灰酒,她就会活过来。"

赵颜听了后,信以为真,果然照着画工所说的那样,每天对着那画中的女子,情真意切地呼唤着她的名字,"真真""真真"唤个不停,如此持续了一百天之后,画中的女子果然答应着从软障上走了下来。赵颜将百家彩灰酒喂给她喝,她就成了一个活生生的人,会说话、会撒娇,看上去和常人无异,还为赵颜生了一个儿子。

可惜一年之后,赵颜听了朋友的撺掇,怀疑真真是妖异所化。真真不想再留在人间,于是决然地带着儿子回到了画中,从此画像上便多了一个小男孩。任赵颜再怎么呼唤,她也不愿意再从画中走出来了。

"这个赵颜,倒真是个痴人。"妻子听了后评价说。

他拿起那幅未完成的画像,对妻子开玩笑说:"以后你不见了,我就对着这幅画像唤你的名字,日日唤,夜夜唤,你可得出来见我呀。"

"又说孩子话。"妻子婉转一笑,盈盈笑意从眉梢眼角中流出,"我看你比赵颜还要痴。"

本来只是夫妻间的玩笑话,谁料一语成谶。不过短短数月之后,妻子就像那画中的真真一样，骤然离开了这个世间，任凭他千呼万唤，却再也无法留住伊人。

孩子是在四月底出生的，是个强壮的男孩儿。当阖府上下都被婴儿响亮的哭声吸引时，只有他注意到了，妻子的脸色是那么苍白，汗水浸透了她的额发。

从那以后，她就缠绵病榻，再也没有起过身。眼见她一天比一天消瘦，一天比一天憔悴，他却一点办法都没有，只能痛恨自己的无能为力。

她最终死于产后并发症，年仅二十一岁。在叶舒崇为她写的墓志铭里，将她染病身亡的经历简述为："产同瑜珥，兆类罴熊，乃膺沉痼，弥月告凶。"

那一天，容若虽不愿意再记起，却又记得那样清楚。那天和平常一样，他守在她的病榻之前，看着生命力一点一点地从她身上流失，情难自禁，忍不住失声痛哭。

她拼尽全力，伸出手想去替他抹泪，那手刚刚抬起，却又无力地坠了下去。

他俯下身去，将耳朵凑到她的唇边，想听听她的遗言。她已经虚弱得说不出完整的话来了，喃喃地在他耳边说了很久，他只听清楚了"七夕"两个字。然后她惨然一笑，偎在他的怀里，静静地离开了这个世界，带着无限的遗憾，以及无尽的眷恋。

那天是农历五月三十日，清明刚过，寒更雨歇，在这三春过后诸芳尽的时节，容若的人生，也已经开到荼蘼花事了。

"葬花"成了他词中独特的谶语，比如："此恨何时已。滴空阶，寒更雨歇，葬花天气"，又如"半世浮萍随逝水，一宵冷雨葬名花"。花谢了还会再开，可容若生命中的春天再也不会回来了。"一宵冷雨葬名花"，随着落花一同埋葬的，还有他逝去的青春与爱情。

帘外雨急风狂，吹得落红成阵，这个在他人眼里五彩斑斓的世界，在他看来竟如此灰败萧索。直到失去她之后，他才发现，她是他生命中唯一的色彩，最最明亮的那抹色彩，她走了，他的世界又恢复成黑白。

有时候他宁愿相信这只是一场梦，他就好像误入桃源的刘晨、阮肇，上演了一场"遇仙记"，梦醒之后，仙子已回到了九天之上。可她分明留下了那么多实实在在的痕迹，屋子里还飘着她若有若无的体香，首饰盒里还装着她戴过的翠翘，耳边似乎还回响着她的笑语声，屋檐下还挂着那只会念诗的鹦鹉。

当他一次又一次徘徊在她住过的房间时，只有那只鹦鹉，听到他长长的叹息声，仍会像以前那样长叹一声，感伤地念道："谁道飘零不可怜！"鹦鹉依旧，可再也不会有人教它念他的诗词了。

只要一闭上眼睛，她的音容笑貌就宛在眼前，既然怎么也忘不掉，索性趁现在记得还清楚，画下她的样子吧。他又捡起了那幅未完工的画像，继续描画起来。画像最终还是没有完成，留下的只是一阕《南乡子·为亡妇题照》：

泪咽却无声，只向从前悔薄情。凭仗丹青重省识，盈盈，一片伤心画不成。

别语忒分明，午夜鹣鹣梦早醒。卿自早醒侬自梦，更更，泣尽风檐夜雨铃。

第六卷 悼亡：当时只道是寻常

泪水滚滚流下，怕人寻问，只能无声饮泣，回忆起从前来，他痛悔自己辜负了她的一片深情。想给她画一幅肖像，泪眼蒙眬中，终究还是"一片伤心画不成"。

临终前诀别的话似乎还在耳畔，比翼齐飞的梦骤然被噩耗惊醒。真是人鬼殊途啊，她早早地醒了，他却还停留在幻梦之中，午夜梦回时，只有檐前的风铃陪着他。

"别语忒分明"，撒手人寰时，她究竟说了什么道别的话，竟让他如此念念不忘？其实他也听得不是很清楚，只是后来苦苦思索才明白她的意思：她是在殷殷叮嘱他，莫忘了他们在七月七日夜晚许下的誓言。那晚他们约定，愿生生世世永为夫妇，她是用"七夕"这个密语，来提醒他若有来世，千万不要忘记了他们之间的密约。

谁能料到，他生未卜此生休。连今生今世，他们都无法白头到老了。他一直以为自己是个悲观主义者，如今看来，他还是对时间太乐观了，总以为他们还有大把时间，总以为可以长相厮守，一起说想说的话，一起做想做的事，拥有无限美好的未来。然后突然有一天，她不在了，他开始变成了一个害怕未来的人，因为他不敢想象，一个没有她的未来会是什么样子的。

"卿自早醒侬自梦"，容若果然是个痴心人啊，纵然过去的恩爱只是一场梦，他也宁愿留在梦里。从今往后，只有梦乡最好，梦乡最美，他不想待在失去了她的现实世界里，而是一次次地重回到梦幻中，想象着还与她在一起，双宿双栖，永不分离：

春情只到梨花薄,片片催零落。夕阳何事近黄昏,不道人间犹有未招魂。

银笺别记当时句,密绾同心苣。为伊判作梦中人,长向画图清夜唤真真。

——《虞美人》

她曾经笑他痴,如今他索性痴一回吧,为了她,他甘愿做一个"梦中人",对着那幅画像,一声声深情地呼唤着她的名字。

可任凭他千呼万唤,画像里的人却始终沉默,连应也不肯应一声。到最后,他不得不承认,他终于失去了她,永远地、无可挽回地失去了她。一定是自己做错了什么,才导致这样的结局吧,回忆从前,他有着太多的悔恨:

镜中依约见春山,方悔从前真草草。——《山花子》
泪咽却无声,只向从前悔薄情。——《南乡子》
人到情多情转薄,而今真个悔多情。——《山花子》
……

他后悔的事情实在太多了,一会儿恨自己薄情,辜负了她的厚爱;一会儿又恨自己多情,承受不了失去她的悲哀。薄情只是自我谴责,多情倒是货真价实。多情导致的苦头,他已经尝够了。他给自己刻了一方闲章,上面镌刻着"自伤情多"四个字,用来提醒自己不要重蹈覆辙。他不知道,世界上最由不得自己的,偏偏是自己的感情,纵然情多伤人深,奈何无计悔多情。

到最后，盘旋在他脑海里的只剩下一个字——"若"，倘若能够更早地爱上她，倘若能够更好地珍惜她，倘若他不学那负心的唐明皇，在七夕和她说些什么"愿生生世世同为夫妇"的傻话，他是不是就能留住她？他到现在才知道，"若"是个多么伤感而无用的字。他甚至后悔，年纪轻轻的，为什么要给自己取字为"容若"呢？

他的伤痛，亲人朋友们都瞧在了眼里，可他们都以为，这样的伤痛，总有一天会平复的，毕竟，他还如此年轻，还可以开始新的爱情。

他们都不知道，妻子去世之后，他心里的某一部分也跟着死去了。人的苍老，不是从外表开始，而是从心开始的。外表变老并不可怕，怕只怕，心比身先老。

"萧瑟兰成看老去，为怕多情，不作怜花句"，在失去了最爱的人之后，二十三岁的容若，已经感受到了一生中最初的苍老。

守灵：有发未全僧

"宝玉听了笑道：'你往哪儿去呢？'

林黛玉道：'我回家去。'

宝玉笑道：'我跟了你去。'

林黛玉道：'我死了。'

宝玉笑道：'你死了，我做和尚。'"

看过《红楼梦》的人，想必都记得宝、黛之间的这段玩笑话，后来黛玉死了，宝玉果然万念俱灰，不久后就抛开一切遁入空门了。

妻子卢氏去世之后，容若可能也动过"做和尚"的念头。人在对命运无可奈何的时候，往往会求助于宗教，正是在万般求索皆不得的情境下，容若才开始亲近佛法。

卢氏去世后，停柩在京郊的双林禅院里，长达一年多才下葬。纳兰家的祖坟坐落在北京西郊的皂荚屯，他早已为妻子选好了一块墓地，却迟迟不愿意送她入葬，原因可能只有一个——他想多陪陪她。

其实，这只不过是一种迟到的补偿。在她生前，他没有太多的时间陪她；直到她死后，他才拿出时间来补偿。这个时候的她，已经失去了知觉,或者说,需要陪伴的人是他,而不是她。

那一年里,他经常待在这座偏僻的禅院里,对着青灯古佛,守着她的灵柩。父母常叫他回家,可对于他来说,什刹海畔那座富丽堂皇的宅子太过冷寂,反而是这座寂静的禅院更能让他体会到家的感觉。没有她的地方,已经不能够称之为家了,哪怕是对着她的灵柩喃喃细语,也好过回去守着一屋子的寂寞。

迟迟钟鼓初长夜,耿耿星河欲曙天。冷冷清清的寺庙里,连个说话的人也没有,挑灯夜坐的晚上,他唯有借着回忆来挨过那漫漫长夜,这两首《望江南》就写于夜宿双林禅院期间:

挑灯坐,坐久忆年时。薄雾笼花娇欲泣,夜深微月下杨枝。催道太眠迟。

憔悴去,此恨有谁知。天上人间俱怅望,经声佛火两凄迷。未梦已先疑。

——《望江南·宿双林禅院有感》

深夜的禅院最是寂寞,陪伴他的,唯有佛前的那一盏青灯。那微弱的灯光,仿佛又将他的思绪拉回到去年的那个夜晚。同样的深夜时分,同样的挑灯夜读,有了她的陪伴,那个夜晚美得就像一个梦,娇花欲泣,雾气蒙蒙,窗前弯月如钩,窗内一灯如豆,她守在他的旁边,不言不语地做着针线,直到夜深了,才轻轻柔柔地问一句:"夜太深了,还是早点歇息吧。"

她那娇怯可怜的样子,就像薄雾下沾露的花枝,谁曾料到竟如此迅速地萎谢了。从此后,一个天上,一个人间,只能遥遥对望,各自惆怅。那份怅恨,那份痛苦,除了他,还有谁能体会?

"经声佛火两凄迷。未梦已先疑",当他从追忆中回到现实时,眼前所见,是昏黄凄迷的佛灯;耳中所闻,是僧人们早起诵经的声音。不知不觉中,他已经枯坐了一个晚上,昨晚的一切,究竟是梦还是真?只是梦醒之后,再也听不到妻子的温言软语,也再也没有人提醒他:夜已经深了,再不睡就太晚了。

寺庙中那如梦似幻的场景,常常会引人坠入幻觉或梦境之中。每当这时,时空会骤然逆转,妻子会迈着轻盈的脚步,一次一次地悄悄潜入他的梦里:

客夜怎生过。梦相伴、绮窗吟和。薄嗔佯笑道,若不是恁凄凉,肯来么?

来去苦匆匆,准拟待、晓钟敲破。乍偎人,一闪灯花堕,却对着、琉璃火。

——《寻芳草·萧寺记梦》

寄居萧寺,分外凄凉,像是为了抚慰他的孤单,妻子又一次悄悄来到了他的梦里,和他一起依偎在窗前,吟诗唱和。在梦里,她还是那样爱笑,一边笑着一边佯作嗔怒地责怪他说:"若不是你孤孤单单没人陪,怕是不肯来看我。"

"才不是呢,我想你想得好苦!"正当他沉浸在与妻子相聚的甜蜜之中时,声声晨钟,敲碎了他的梦境。妻子那软玉温香的身体,似乎还偎在他的怀里,等到他睁开眼睛时,却什么也触摸不到,眼前对着的,只有那一盏孤灯。

他多么想永远留在这个绮窗吟和的梦里面,看着她轻颦浅笑、薄嗔佯怒,怎么也看不够。可越美的梦,就越是匆匆,"来如春梦不多时,去似朝云无觅处",他总是连她的样子都看不清,就不得不从梦中醒来。

为了熬过那漫长的思念,他开始遍阅佛家典籍,想寻找一个解脱的方法。年少的时候,他也读过佛经,那时候只是好奇罢了,只有经历过真正的幻灭之后,才能真正了解到佛家所谓"万般皆空"的理念,才能对佛法生起一份亲近之心。

就是在寄居双林禅院的时候,佛法成了他精神上的避难所,在诸多典籍中,他最喜欢《楞伽经》。

《楞伽经》,传说是禅宗的达摩祖师传灯印心的无上宝典,也是历来禅家修行如来禅的主要依据。容若在文中提到的"台家",即是佛教的支派之一——天台宗。他将这部佛家宝典,视为暗室中的一盏明灯,渴望能够明心见性,远离尘俗。

他甚至给自己起了一个"楞伽山人"的别号,关于这个号的由来,他的好友梁佩兰在挽他的诗中说得很清楚:"佛说楞伽好,年来自署名,几曾忘凤慧,早已悟他生。"

用佛家的话来说,容若是有慧根的。他写于这一阶段的词,明显渗进了一份空灵的禅意。比如这句"斗鸡人拨佛前灯","斗鸡人"指的是"冠盖何煊赫,鼻息干虹霓"的富贵中人,却偏偏站在佛像之前,拨弄着那一盏凄清的灯火。可见他对荣华富贵已经完全失去了兴趣。

佛祖释迦牟尼说,人有八苦,分别是生、老、病、死、求不得、怨憎会、爱别离、五蕴炽盛。很少有人像容若这样,还只有二十几岁，就遍尝了这种种苦恼，除了死之外，哪一种苦恼的滋味他不曾尝过呢？这诸般苦恼之中，最难承受的就是求不得和爱别离，求不得之后，又有爱别离，上天仿佛注定要让他受尽百般折磨。

正因如此，他才和佛结下了一份不解之缘。佛法于他，就是止痛药和清凉剂，让他暂时从苦楚中脱离出来。

信佛的人，大多有所求：俗人求名求利，高人求涅槃。容若这样的痴心人，却只求佛祖能够将心爱的人还给他：

抛却无端恨转长，慈云稽首返生香。妙莲花说试推详。
但是有情皆满愿，更从何处著思量。篆烟残烛并回肠。

——《浣溪沙》

"返生香"，是一个美丽的传说。东方朔的《海内十洲记》记载：聚窟洲有一座神鸟山，山上有返魂树。如果砍下这种树的树根和树心，在玉釜里煮成汁、煎成丸，就是所谓的惊魂香，也叫返生香。埋在地下的死者一闻到它的香气就会复活，复活之后就再也不会死去了。

"安得返魂香一缕，起卿沉疴续红丝"，满腹愁恨的容若，跪在佛像之前，一声声向佛祖祈求：佛祖啊，都说你的慈悲如大云般覆盖着世间，既然如此，可否赐予我一枚返生香，召回妻子的一缕芳魂，让她重新回到我的身边？

《妙法莲华经》里说，若是有情皆满愿，可连他自己也知道，让妻子死而复生，只不过是痴心妄想罢了。今生的缘分看来是没

有办法重续了,他只能将重逢的希望寄托于虚无缥缈的来世:

> 手写香台金字经,惟愿结来生。莲花漏转,杨枝露滴,想鉴微诚。
> 欲知奉倩神伤极,凭诉与秋擎。西风不管,一池萍水,几点荷灯。
>
> ——《眼儿媚·中元夜有感》

那是她走后的第一个中元夜,七月十五,正是祭祀亡灵的夜晚,这一天,人们会在水上燃放荷花灯,以纪念亡故的亲人。

这个晚上,一池绿水之间,漂浮着盏盏荷灯,伴着这凄美的夜景,容若又思念起刚刚过世不久的妻子,或者说,他对她的思念从来没有停止过,只是在这个夜晚格外深切。今生今世,是再也不能见到她了,只能亲手写下一卷卷佛经,祈求能与她来世再会。

佛教是信奉来世的,轮回与转世是佛教的基本概念,佛教徒们总是相信,有生就有死,有因缘就有果报,今生的修行,是为来世积福,今生种下一颗缘分的种子,就能在来世结出果实。佛教的传说中,人死后,走过黄泉路,过了奈何桥,就能看到三生石。它一直立在奈何桥旁,张望着那些准备喝孟婆汤去投胎的人。传说三生石能照出人前世的模样,前世的因,今生的果,宿命轮回,缘起缘灭,都重重地刻在三生石上。

一心向佛的容若,一字一字虔诚地写下佛经,以求佛祖能够听见他的祈祷:

如果有来生，请让我早点遇到她；

如果有来生，请让她一定记得我；

如果有来生，请让我们的缘分久一点，再久一点；

……

如此看来，尽管他对佛家经典再熟悉，性格再清净淡泊，也成不了一个合格的佛教徒。佛教信徒又名出家人，指的就是要摒弃俗虑，断绝世俗的情缘。学佛，就是要慧剑斩情丝，才能自由自在。而对于容若来说，其他东西都可以抛舍，抛不开、放不下、看不破的唯有一个"情"字。

众生皆有情，《世说新语》中有句话说："太上忘情，最下不及情。情之所钟，正在我辈。"意思是圣人超凡脱俗，不会为情感所困扰。最下之人熙熙攘攘，顾不上有情。能情有所钟的，只有我这样的人罢了。

容若正是这样一个"情之所钟"之辈，他纵然再想从苦痛中超脱出来，也无法抛弃世俗的情爱。斩断情根，谈何容易！关于这一点，他也深知，自己是做不到"赤条条来去无牵挂"的，也就无法像虔诚的佛教徒那样遁入空门，落发为僧。

同样写于双林禅院的另一首词就显露了他的这种矛盾心理：

心灰尽，有发未全僧。风雨消磨生死别，似曾相识只孤檠，情在不能醒。

摇落后，清吹那堪听。淅沥暗飘金井叶，乍闻风定又钟声，薄福荐倾城。

——《忆江南·宿双林禅院有感》

情之一物，最是缠绵难解，就算让人吃尽了百般苦头，却还是无计可消。那一场凄恻死别，早让他心灰意冷。可纵然心字成灰，还是无法忘情于她，怪只怪自己福分太浅，纵有如花美眷，却也落得个形单影只的结局。

情到浓时情转薄，越是多情的人，遭受打击后越容易走向断情绝爱的极端。容若并不是唯一一个因受情伤而向往空门的世家子弟，在清朝，一直流传着一个惊人的故事，说顺治皇帝福临在爱妃董鄂病故后，伤心欲绝，索性抛开了一切到五台山当和尚，还给自己取了个"行痴"的法号。据说康熙多次到五台山出巡，就是为了私下去见父皇顺治。

顺治的故事，姑且不论真假，但容若一定是听说过的。不知道他在万念俱灰的情况下，有没有动过效仿这位"行痴"前辈的念头。

可容若终究不是像顺治那样的叛逆者，他本性善良温和，待父母至孝，是决计做不到什么都不管，什么都不顾，潇潇洒洒地出家为僧的。尽管已经"心灰尽"，也只能"有发未全僧"。

不知道遍阅佛家典籍的容若，有没有读过《妙色王求法偈》，这是一则很有名的偈语：

一切恩爱会，无常难得久，生世多畏惧，命危于晨露。
由爱故生忧，由爱故生怖，若离于爱者，无忧亦无怖。

如何才能无忧无怖过一生呢？这则偈语告诉人们，唯有离于所爱才能够得到解脱。可这样的解脱,未必是容若想要的解脱。如果无忧无怖的前提是"离于爱",我想他一定不愿意付出这样的代价。

悼亡：不辞冰雪为卿热

妻子卢氏的灵柩在双林禅院停了一年多后，才终于葬入纳兰家在皂荚屯的祖坟。墓志铭是与容若同年的进士叶舒崇撰写的，显然，叶舒崇对于这位夫人，以及她与容若之间的感情都有一定的了解。所以这篇墓志铭除了泛泛地夸奖卢氏"生而婉娈，性本端庄""明珰佩月，即如淑女之章；晓镜临春，自有夫人之法"之外，也说到了容若和她"自契同心，岂殊比目"。值得一提的是，他还提到了，自从卢氏身故之后，容若"悼亡之吟不少，知己之恨尤深"。

可见，在当时，容若那些感人至深的悼亡词早已广为人知。古代中国人的词典里其实是没有"爱情"两个字的，哪怕是夫妻，感情也埋藏得很深，一味放任自己感情的人会被攻击为"溺于情"。容若却顾不上这些，他不仅任由自己沉浸在悲伤和思念之中，还毫不掩饰地向亲人朋友们展露自己的悲伤和思念，在给顾贞观、张纯修等人的信里，他不止一次地提起妻子去世对他的打击。

可这些都不足以完全寄托他的哀思，于是，他将那些无处诉说的沉痛、层层堆积的思念尽数倾泻到词中，写就了一首首字字泣血、句句含泪的悼亡词。翻开他的词集，就会发现明确标注为"悼亡"的词就有十几首，和此主题相关的词更多达数十首。这些词作，正是纳兰词中最为哀感顽艳也最为催人泪下的代表作。顾贞观说容若的词"一种凄婉处，令人不忍卒读"，说的也正是这类词。

妻子刚刚去世之后的那个重阳节前，他又一次梦到了她。梦中，妻子一身素衣，妆容淡雅，还是那样清丽脱俗。不同的是，以前的她，总是浅笑嫣然，就是不笑的时候，嘴角也含着一抹笑意。那晚的她，一双弯弯的笑眼里却满含着热泪，她拉着他的手，未曾开口就已无声哽咽。

执手相看泪眼，竟无语凝噎。

应该还是说了很多很多的话，关于别后的相思，以及难熬的苦楚。可惊醒之后，什么都记不清了，唯独记得临别前她泫然欲泣，含着泪对他柔声说道："衔恨愿为天上月，年年犹得向郎圆。"她是那样遗憾，恨不能化身为天上的月亮，让它的清光岁岁年年长伴在他的身旁。

她生前虽也有和他绮窗吟和的时候，但素来不大擅长作诗。为何会说出如此令人肝肠寸断的诗句来？

一念至此，有泪如倾。他再也坐不住了，披衣起床，挥笔记下了梦中的那一幕：

瞬息浮生，薄命如斯，低回怎忘。记绣榻闲时，并吹红雨；雕阑曲处，同倚斜阳。梦好难留，诗残莫续，赢得更深哭一场。遗容在，只灵飙一转，未许端详。

重寻碧落茫茫。料短发、朝来定有霜。便人间天上，尘缘未断；春花秋叶，触绪还伤。欲结绸缪，翻惊摇落，减尽荀衣昨日香。真无奈,倩声声邻笛,谱出回肠。

——《沁园春》

词前有小序,说的正是梦里的场景:"丁巳重阳前三日,梦亡妇淡妆素服,执手哽咽,语多不复能记。但临别有云:'衔恨愿为天上月,年年犹得向郎圆。'妇素未工诗,不知何以得此也,觉后感赋。"

匆匆,太匆匆,不管是数年恩爱,还是一宵好梦。难怪梦醒之后,他要悲叹,浮生如梦,瞬息即逝,不免要自怜薄命。只是有些事情怎么也忘不了,还记得当年,"绣榻闲时,并吹红雨;雕阑曲处,同倚斜阳",转眼间却是"梦好难留,诗残莫续",只剩下他独自一人,对着她的遗像,在长夜里痛哭。

何处可以寻觅她的芳魂呢?上穷碧落下黄泉,两处茫茫皆不见。即使是一个天上,一个人间,阴阳阻隔,关山重重,却仍然难了尘缘。从此后,春花秋叶惹人愁,他因思念而形销骨立,不复往日风采。

如果思念可以中止就好了。正在这时,邻院里又传来了幽幽的笛声,在这寂静的长夜里,一声声那样凄厉幽怨,吹得人肝肠寸断。

笛声清怨,最能勾起人怀旧之思,当年向秀经过嵇康旧宅,听到邻人吹笛,感怀亡友,作了千古闻名的《思旧赋》。邻院的笛声,曾多次在容若词中出现,也催生了一阕流传至今的词作:

残雪凝辉冷画屏,落梅横笛已三更,更无人处月胧明。

我是人间惆怅客,知君何事泪纵横,断肠声里忆平生。

凄清的雪夜,他又像往常一样,立于小院之中,听那邻院正一声声吹着《梅花落》的古调。他听得泪如雨下,由此也想到,那吹笛的人,能够吹出这样幽怨的曲子来,一定也早就热泪纵横了吧。

"我是人间惆怅客,知君何事泪纵横",也许那笛声并没有如此悲哀,可听在一个伤心人的耳里,一声声都是悲鸣,一句句都教人断肠。

她走了,带走了他所有的快乐。从此以后,他就是个断肠人了,写的也都是断肠词,比如这首《蝶恋花》:

辛苦最怜天上月,一昔如环,昔昔都成玦。若似月轮终皎洁,不辞冰雪为卿热。
无那尘缘容易绝,燕子依然,软踏帘钩说。唱罢秋坟愁未歇,春丛认取双栖蝶。

还记得那个重阳前夕,她来到他的梦里,执手忍泪说道:"衔恨愿为天上月,年年犹得向郎圆。"自那之后,每当他看到天上的月亮,就会想起她的这番话来。仔细想来,最辛苦、最让人怜爱的莫过于那天上的月亮了,它在一月之间只有一晚是玉环般的圆月,其他时候都像是不完满的玉玦。

"若似月轮终皎洁,不辞冰雪为卿热","卿"是对妻子的爱称,容若这是在向天上的亡妻深情告白:如果天上的月亮真的能够长圆不缺,如果你我之间的恩爱真的能够长久不衰,那么我宁愿置身于冰天雪地中,用我的生命来换取你的平安。

"不辞冰雪为卿热",短短七个字,蕴含着一个凄美至极的爱情故事。说的是后汉的荀奉倩,从小就立誓要娶一个容颜绝色的女子为妻,后来果然得偿所愿,娶了骠骑将军曹洪的女儿。荀奉倩的妻子生得明眸皓齿,仪态万方,荀奉倩不惜花重金为她添衣置物,两人经常把酒花前,吟诗月下,感情生活十分美满。可惜好景不长,妻子后来生了重病,全身发热,高烧不退,他为了让妻子退热,不惜在天寒地冻时脱下衣服,赤身跑到冰雪之中,等身子完全变冷之后,才又跑回屋里,紧紧拥抱着妻子,用冰冻的身体给她降温。

即便如此,妻子还是病逝了。荀奉倩大受打击,整天呆坐着怀念亡妻。有一天,朋友劝他说,实在不必如此,容貌绝美的女子并不那么难找。他却长叹了一声,回答说:"佳人难再得!"不到一年之后,他终因伤心过度而去世了,年仅二十九岁。

"佳人难再得"!不是每个人都能理解荀奉倩的痴情,容若却可以,世上多的是容颜绝世的女子,可是不会再有那样的佳人了。对于他来说,卢氏不仅是他相濡以沫的妻子,更是他心心相印的红颜知己。这份知己之爱,是任何一个女子都无法取代的,哪怕她有倾国倾城的容颜。

"知己"二字,在容若心中是一个极具分量的词语。他一生交游广阔,可在他心目中,当得起"知己"这个称呼的,只有两个人:一个是好友顾贞观,另一个则是妻子卢氏。在追忆她的词里,他频繁地提到了"知己"这个词语,如"知己一人谁是?已矣,赢得误他生"，又如"待结个、他生知己。还怕两人俱薄命"。

朋友们都深知他对妻子的这份知己之情，所以叶舒崇才会在卢氏的墓志铭中特意提道："于其没（亡故）也，（容若）悼亡之吟不少，知己之恨尤深。"

正是这份知己之情，让容若的悼亡词在众多名家的悼亡之作中别具一格，独占鳌头。寻常男子悼念妻子，大多是感叹妻子为自己吃过多少苦头，做过多少牺牲，比如元稹的《遣悲怀》：

> 谢公最小偏怜女，自嫁黔娄百事乖。
> 顾我无衣搜荩箧，泥他沽酒拔金钗。
> 野蔬充膳甘长藿，落叶添薪仰古槐。
> 今日俸钱过十万，与君营奠复营斋。

在这类悼亡诗中，妻子的形象大多千篇一律，也就是人们所推崇的那种"贤妻"。元稹的笔下，对妻子有恩义，有愧疚，唯独看不到爱情。他将爱和缠绵，都留给了婚前的情人双文。

容若的独特之处就在于，他和妻子之间不仅有恩义，更有爱情。卢氏在他心中，完美地集"妻子、情人、朋友"于一体，他用一首首悼念的词，将她的形象勾勒得如此生动。在这些词里，我们仿佛可以看到她俏皮的回眸一笑，"皓腕红黄，嫣然一顾"；听到她温柔的闺房软语，"多恐过劳偏息烛，为防寒袭替添衣，催道莫眠迟"；感受到她的万种风情，"横眸处，索笑而今已矣。与谁更拥灯前髻"。

我们知道，她的胆子很小，"忆生来，小胆怯空房"。写字时笔致柔弱,"旧时书,鸳鸯小字,犹记手生疏"。读起诗来咬字不准,"最忆相看,娇讹道字"。一身纯真的孩子气,会站在庭前数星星,"忽疑君到,漆灯风飐,痴数春星",也会给花系上护花铃,"看尽一帘红雨,为谁亲系花铃"。

这个妻子的形象和以往是如此不同,薄嗔浅怒,语笑嫣然,又妩媚又纯真,有女人的温婉,也有少女的活泼,如同一朵解语花,活色生香地盛开在容若的回忆里。林语堂曾称沈复笔下的芸娘是"最可爱的女人",我们也可以说,容若词中的妻子,也是一个"最可爱的女人"。她们的可爱之处在于,她们本身就是一个活生生的人,而没有沦为一个面目模糊的贤妻。

沈复和容若一样是个性情中人,失去妻子芸娘之后,他撰写《浮生六记》,开篇就是《闺房记乐》,以深情直率的笔调追忆与妻子相知相爱之乐。令人有点遗憾的是,容若没有写过类似的文章,我们只能将他的悼亡词,看作一部微型的《浮生六记》,从中撷取他和爱妻几年恩爱的吉光片羽。这些词中,最为人们所熟悉的《浣溪沙》所写的正是他和妻子的闺房乐事:

> 谁念西风独自凉,萧萧黄叶闭疏窗,沉思往事立残阳。
> 被酒莫惊春睡重,赌书消得泼茶香,当时只道是寻常。

又到了帘卷西风的时节,可再也没有人,为他披上一件衣裳,叮嘱他"天寒了,记得加衣"。落叶萧萧,秋风瑟瑟,剩下他独自一人伫立在残阳之下,看漫天黄叶飞卷,生出无限感伤。

往昔的岁月多么美好,"被酒莫惊春睡重,赌书消得泼茶香",

这些都是记忆中的温馨场景：还记得，每次在春寒料峭的时分里，他多喝了几杯睡去，她怕吵醒他，起床梳洗的动作都是轻轻的；还记得，他们学赵明诚和李清照夫妻在书房里赌书为乐，她偶尔赢了，就会乐得大笑，以至于茶泼倒在怀，满室都是氤氲的茶香。

真奇怪，想起她来，记得的都是些无关紧要的细节。那时候身在其中，并不觉得有什么可贵的，所以他才会感叹说"当时只道是寻常"。

"当时只道是寻常"，这七个字看上去平平淡淡，却几乎蕴藏了世间最深沉的悲哀。"当时"，也就意味着幸福已成了过去式，那些寻常的快乐时光一旦逝去，就再也无法找回了。

与此类似的一首现代诗，曾获香港中文大学微情书征文大赛的一等奖，诗写得很短：

> 瀑布的水逆流而上，
> 蒲公英种子从远处飘回，聚成伞的模样，
> 太阳从西边升起，落向东方。
> 子弹退回枪膛，
> 运动员回到起跑线上，
> 我交回录取通知书，忘了十年寒窗。
> 厨房里飘来饭菜的香，
> 你把我的卷子签好名字，
> 关掉电视，帮我把书包背上。
> 你还在我身旁。

这首诗是一位到香港求学的东北学生戴畅在异地独自度过春节，思念远方的母亲所作的。

"你还在我身旁"与"当时只道是寻常"有异曲同工之妙，最动人的诗往往最质朴，动人的不是词句，而是那份深深的情感。初次看到戴畅的这首诗时，很久没有流泪的我，居然一下子掉下了眼泪。

人在幸福中往往是察觉不到的，觉得一切都太过稀松平常，只有等到失去以后，才会幡然醒悟，痛觉当初那种平平淡淡的日子，是多么难能可贵，只因那时候，"你还在我身旁"。

生离已经让人如此伤感，更何况死别。戴畅是幸运的，他和母亲只是短暂分别，还能够再次团圆。容若则是不幸的，他永远地失去了最爱的人，再见已成幻梦。

"当时只道是寻常"，趁着你爱的人还在身旁，趁着一切都还来得及的时候，好好珍惜这份寻常至极的幸福吧。我们总是去远方寻找幸福，却忘了，幸福的真谛，往往就藏在一饮一啄的日常细节中，藏在所爱之人的笑靥里。

生活再平淡无奇，只要"你还在我身旁"，就是一生中最美好的时光。

第七卷　仕宦：人生何事緇塵老

侍卫生涯：惴惴有临履之忧

和父亲明珠一样，容若步入仕途，是从侍卫一职开始的。康熙十五年（1676），二十二岁的他考中进士之后，经过一段时间的等待，终于被授予三等侍卫的官衔。

不要小看侍卫一职，有清一朝，御前侍卫均是由皇帝亲自选定的，侍卫不仅俸禄优厚，品级较高，而且能跟在皇帝身边，不失为一条飞黄腾达的捷径。当年的明珠，就是因时刻跟在皇帝身旁，善于体察上意而得到了破格提拔。

当时的文人们，无不以成为皇帝的亲随为荣。容若的书法老师高士奇曾担任康熙皇帝的文学侍从，曾与侍卫们一同随康熙出巡、狩猎，他将这样的宠信视为殊荣，为此还特意赋诗以纪其盛："身随翡翠从中列，队入鹅黄者里行。"

可这种貌似尊崇的职位，并不是容若所喜欢的。按他的个性，入翰林院可能更加适合，那样的话，他才可以继续做一名风流雅士，虽然升迁的机会比侍卫少，却胜在清贵。

御前侍卫，听上去很威风，实质工作是很琐碎无聊的。容若刚刚担任侍卫那阵，还要兼任"马曹"，负责照顾皇帝的御马。《西游记》中，孙悟空因被任命为弼马温，视为奇耻大辱，所以才大闹天宫。容若一介文人,当然也不会把养马当成什么体面的差事,但他仍然兢兢业业,把马养得很好。挚友姜宸英在追悼他的墓表中就提到,他担任马曹期间,"马大蕃息",将马养得膘肥体壮。

给皇帝做马曹并不算太丢份,巧的是,与此同时,容若的一位朋友正在内务府做"狗监",专职主管养狗处。这位朋友姓曹名寅,他的孙子就是大名鼎鼎的曹雪芹。曹寅祖辈是包衣奴才出身,母亲孙夫人做了康熙的乳母,在皇帝幼时的看护上出力甚多,托赖于孙夫人,曹家子孙也由此大受重用,曹寅十六岁时就进了内务府,论官场资历,比容若这位贵胄子弟要资深得多。

曹寅比容若小三岁,他们之间的交情应该不错。这段一起当差的岁月,给曹寅留下了深刻的印象,多年后,他还专门写诗回忆说"忆昔宿卫明光宫,楞伽山人貌姣好;马曹狗监共嘲难,而今触痛伤枯槁"。同学少年都不贱,当年一同在明光宫当值时,容若虽已自号楞伽山人,却还是容貌姣好的少年郎,他们年龄相近,地位相当,彼此之间没少拿蓄马、养狗的事互相打趣,谁能想到,这些年少时候的趣事,日后都成了令人伤怀的记忆。

从养马一事就可以看出来,容若做事是相当认真的。从这点来看,他是典型的摩羯座,工作起来一丝不苟,只要是分内的事,哪怕再不喜欢,他也会尽最大的力量去做好。在长达九年的侍卫生涯里,他忠于职守,不辞辛苦,"其在上前,进及曲折有常度,性耐劳苦,严寒执热,直庐顿次,不敢乞休沐自逸",可见我们的纳兰公子,并不像常人想象的那样吃不了苦,而是颇能吃苦耐劳,不管严寒还是酷暑,都跟随在皇帝身旁,后期他身体已相当病弱了,也从未因此请过假。

正因如此，康熙对他也相当器重，出巡不管远近，都将他带在身边：

康熙十六年（1677），他随康熙到京畿巡视。

康熙十七年（1678），他随康熙到汤泉游幸。

康熙十九年（1680），他随康熙到巩华城拜奠。

康熙二十年（1681），他随康熙到马兰峪狩猎。

康熙二十一年（1682），他随康熙到山海关一带出巡，同年祀长白山。

康熙二十二年（1683）二月，随康熙巡五台山；七月，又随康熙巡古北口。

康熙二十三年（1684），他随康熙一起下江南、巡山东。

……

随皇帝出巡，当然并不仅仅是跟在皇帝身后，而是要随机应变、小心应对。容若文武双全，文能陪康熙唱和诗词；武能替康熙牵马挽弓；加之性格沉稳，为人谨慎，自然备受皇帝的宠信。

短短数年之内，他从三等侍卫被擢拔到一等侍卫，属于正三品的武官。康熙常常赏赐他诸如金牌、字帖、佩刀、鞍马之类，以示圣眷之隆。

"花迎剑佩星初落，柳拂旌旗露未干"。身为天子近臣，能够目睹天颜，常沐天恩，在常人看来是何等风光的事，可不管是金阶侍立，还是随驾出巡，对这类他人乐在其中的所谓幸事，容若却深以为苦，他有一首《踏莎行》，将这种心情坦露无遗：

倚柳题笺，当花侧帽，赏心应比驱驰好。错教双鬓受东风,看吹绿影成丝早。

金殿寒鸦,玉阶春草,就中冷暖和谁道?小楼明月镇长闲,人生何事缁尘老。

"侧帽风前花满路",回想起来,未踏入仕途前的那种生活何等悠闲自在。可惜的是,鞍马驱驰代替了赏心乐事。他就像那金殿前的寒鸦、玉阶前的春草一样,那种寂寞和枯冷的滋味,只有他自己知道。小楼明月,从今往后无人欣赏,昔日那望月抚琴的楼中人,只能在忙碌中老去了。

侍卫生涯无比辛劳,他曾写信给老友严绳孙,抱怨说自己每日天未亮就出门当值,等到夜深人静时,才能回到府邸。往日文酒为欢之事,只能在梦中重温。长期的奔波劳碌,也让他一贯多病的身体吃不消,在信中,他还说道:"弟比来从事鞍马间,益觉疲顿,发已种种,而执殳如昔。从前壮志,都已隳尽。"

年少时,他也曾壮志凌云,怀有一腔抱负,胡献征说他"虽风云月露,不废拈毫,而留心当世之务,不屑以文字名世"。三藩作乱时,他曾上书康熙,想要挥戈战场,一溅英雄之血。看到父亲在官场叱咤风云,他也曾暗中羡慕,想要效仿父亲,成为国之栋梁。

可等他真正踏足仕途,才发现,这条人人艳羡的金光大道,并不是他想走的路。官场的险恶和人心的叵测远远超出了他的预计,父亲虽教会了他很多事,却唯独没有教会他虚伪,而这才是官场的立足之道。

有一种说法,说康熙对他倍加信任,原本是打算对他委以重

199

任的，不料他却病倒了。客观地来看，他若能活得足够久，在仕途上会比明珠走得更远吗？只怕未必。他也许确实有政治方面的才干，却绝对成不了其父那样的政客。而在官场上，左右逢源的政客远远比德才兼备的政治家吃香。

明珠是天生的政客，而容若，则是个彻头彻尾的诗人。明珠是白山黑水中飞出来的搏击长空的雄鹰，容若则是天地间自在独行的鹤。所以不难理解，为什么同样在官场，明珠在其中如鱼得水，容若却倍感压抑。

他敏感地察觉到，官场与他的本性是如此不相宜，在《拟古》一诗中，他直抒胸臆地写道：

吾本落拓人，无为自拘束。偶傥寄天地，樊笼非所欲。嗟哉华亭鹤，荣名反以辱。

他还写过一首《咏笼莺》的诗：

何处金衣客，栖栖翠幕中；有心惊晓梦，无计啭春风。漫逐梁间燕，谁巢井上桐；空将云路翼，缄恨在雕笼。

身处官场，对于他来说，已经成为一个樊笼。他本来只想做只闲云野鹤，最终却像雕笼里的黄莺一样，被豢养在玉笼之中。旁人羡慕笼中莺锦衣玉食的生活，却不知，笼中莺为此付出的是自由的代价。

做皇帝的侍臣，从来都不是件容易的事。天威难测，天意从来高难问，容若深知，纳兰一家并无根基，父亲能够步步高升，都是仰仗于皇帝的恩宠，而这种恩宠看似牢固，其实是最靠不住的。想当年，鳌拜身为辅政大臣，掌权时倨傲无比、权倾朝野，可一旦触动了君权，就被捉拿下狱，仓皇而死。一个臣子，再怎么风光、再怎么有权势，命运也完全掌握在君王的手里，光是想到这一点，就足以让人心生警惕，冷汗直下了。

严绳孙说他"惴惴有临履之忧，视凡为近臣者有甚焉"，容若做侍卫时，正是明珠当权之时，身为一代权相的公子，他为何如此战战兢兢、如履薄冰，这种惴惴之情甚至比一般人还甚？

诗人都是敏感的，伴君如伴虎，越是接近康熙，容若就越是有种隐隐的害怕。这种害怕不仅是对君权的畏惧，更是对无常的恐惧。"荣华及三春，常恐秋节至"，在他看来，富贵荣华，就像春天一样，春光再好也有个尽头，哪里能够天长地久呢？

他清醒地认识到，以康熙的英明神武，是不可能看着任何一个臣子坐大的，和那些得势的臣子一样，明珠也走上了结党营私、卖官鬻爵的老路，他可能自以为功勋显著，又能揣摩康熙的心意，不会步政敌索额图的后尘。只有容若看得最清楚，所有的臣子，对皇帝来说都是棋子，再有用的棋子，也只不过是一颗棋子而已，当它完成自己的使命后，就随时会被放弃。

俗话说，当局者迷，处于权势中心的明珠，自然是意识不到这一点的。拉帮结派、打击敌党已经用尽了他所有的心思，他哪里顾得上反躬自省呢？明珠的另外两个儿子，也就是容若的两个弟弟，都是父亲的忠实拥护者。二弟揆叙与八贝勒允禩相结，并支持他成为太子，后来允禩与四皇子胤禛斗争失败。胤禛即位之后，揆叙虽已死，却还是遭到了剖棺发坟的报复。胤禛还让人在他的墓碑上刻下"不忠不孝、险阴柔佞"八个字，以泄心头之恨。三弟揆方娶和硕郡主为妻，成了额驸（驸马），享受的是公爵的待遇，揆方夫妻去世得很早，没有受到政治风波的影响，他们留下的两个儿子被过继给揆叙，不幸也卷入了夺嫡的纷争之中。

父亲对于权势的过分热衷，在容若看来已经到了接近危险的地步，是以他才"惴惴有临履之忧"。他可能也委婉地规劝过父亲，可明珠正当扬扬自得之时，是不可能听得进去的。

他唯一能够做的，是拒绝同流合污、保持洁身自好。九年的仕宦生涯里，他表现得极为谨慎，"进止有常度，不失尺寸""性周防，不与外庭一事"。那些官场倾轧的污糟事，他尽量躲得远远的，可躲得再远，也无法不关注，因为牵涉到他关心的家人。

一直同心同德的明珠和容若父子俩，这时在表面上看起来还是父慈子孝，其乐融融，实质上，他们已经分道扬镳，走上了完全不同的两条路，之后，彼此之间的距离还会越来越远。父亲为他提供的生活，对于容若来说，已经成了一个雕笼，他想挣脱，却不忍心挣脱，只能困在这个华美的雕笼之中，眺望着笼外的蓝天，任由父亲以爱之名，一点一点地折断他渴望飞翔的翅膀。

爱，是他在这世上最大的羁绊，逃不开，也挣不脱。或者也可以说，因为对家人的这份爱，他心甘情愿地卸下了自己的翅膀。

这样的选择，很难说是对是错，但至少，是值得理解和尊重的。

欢聚：人生别易会常难

在失去了爱人、与父亲之间又生了隔膜之后，幸好还有那些诗酒之交能够给予容若安慰。他越是厌倦官场的蝇营狗苟，就越是与这些落落寡合的朋友们意气相投，在人生的最后数年，友情在他生命中所占的分量越来越重。

康熙十七年（1678），三藩之乱基本上已接近尾声，天下形势已定。就在这一年，康熙下旨在三年一次的科举考试之外，增设"博学鸿儒科"，以天下之才藻瑰丽、文词卓越者，召试擢用。关于开设博学鸿儒科的目的，康熙的原话是：

"一代之兴，必有博学鸿儒振起文运，阐发经史，以备顾问。朕万几余暇，思得博通之士，用资典学。其有学行兼优、文词卓越之士，勿论已仕未仕，中外臣工各举所知，朕将亲试焉。"

作为千古一帝，康熙帝的"文治"其实与"武功"一样出色，他深刻吸取了元朝灭亡的教训，崇文尊儒，对汉族士子文人的态度由强硬变为怀柔，曾先后多次入山东、祭孔庙。设博学鸿儒科正是他笼络士子人心的一大手段，以显示朝廷求才若渴的良苦用心。

这一年的年末，在地方官员的举荐下，天下名士都汇集到了京城。令容若高兴的是，这些人中就包括他的好朋友严绳孙、姜宸英、秦松龄、陈维崧、朱彝尊等人。

沉寂了许久的渌水亭又热闹起来了，尽管公务繁忙，容若还是一有时间，就和好友们在此欢聚。他觉得自己的侍卫生涯是枯燥无味的，只有和朋友们在一起饮酒赋诗时，心情才会难得畅快。

文人素爱雅集，晋时曾有兰亭宴集，那是东晋永和九年（353）的三月三日，书圣王羲之与谢安、孙绰等四十一人在兰亭"修禊"，在水滨，将盛满酒的酒杯放入水中，任其在弯曲的溪流中漂荡，杯停在某人面前，某人就引杯饮酒。会上各人作诗，王羲之用潇洒的行书为之作序，这就是书文兼妙的《兰亭集序》，"曲水流觞"从此成了一个绝美的词语流传了下来。

盛唐时，诗仙李白与众兄弟在从弟的桃李园宴饮，"会桃李之芳园，序天伦之乐事"，"开琼筵以坐花，飞羽觞而醉月"，也是即席赋诗，不会作诗的要罚酒三杯。饮了酒的李白更加才思敏捷，挥笔写就了《春日宴从弟桃李园序》，"浮生若梦，为欢几何"的名句就是出自此文。

渌水亭，也成了有清一代京城文人雅集的圣地。这里风花乱飞，烟柳如织，是一处难得的幽雅之地。这里的主人谈吐优雅，品位非凡，更是一位难得的清雅之士。俗人们是无法涉足此地的，来做客的都是像朱彝尊、严绳孙、陈维崧这样的才子名士，真正是"往来无白丁，谈笑有鸿儒"。

清初半个词坛的人都汇聚在渌水亭，在此赏花、饮酒、望月、抚琴，高谈阔论，逸兴豪情，不减唐时李白诸人。如此盛会，当然不可无诗词，既然有了诗词，当然得有序文以纪其盛。一次，才子们将蜡烛刻上刻度，限定了时间，然后各自赋诗。诗成之后，容若兴致勃勃地撰写了《渌水亭谦集诗序》，这是一篇如诗词一般优美的骈文，全文如下：

清川华薄，恒寄兴于名流；彩笔瑶笺，每留情于胜赏。是以庄周旷达，多濠濮之寓言；宋玉风流，游江湘而讬讽。文选楼中揽秀，无非鲍谢珠玑；孝王园内搴芳，悉属邹枚黼黻。

予家象近魁三，天临尺五。墙依绣堞，云影周遭；门俯银塘，烟波㴠漾。蛟潭雾尽，晴分太液池光；鹤渚秋清，翠写景山峰色。云兴霞蔚，芙蓉映碧叶田田；雁宿凫栖，秔稻动香风冉冉。

设有乘槎使至，还同河汉之皋；倘闻鼓枻歌来，便是沧浪之澳。若使坐对庭前渌水，俱生泛宅之思；闲观槛外清涟，自动浮家之想。何况仆本恨人，我心匪石者乎？

间尝纵览芸编，每叹石家庭树，不见珊瑚；赵氏楼台，难寻玳瑁。又疑此地田栽白璧，何以人称击筑之乡；台起黄金，奚为尽说悲歌之地。

偶听玉泉呜咽，非无旧日之声；时看妆阁凄凉，不似当年之色。此浮生若梦，昔贤于以兴怀；胜地不常，曩哲因而增感。

王将军兰亭修禊，悲陈迹于俯仰，今古同情；李供奉琼筵坐花，慨过客之光阴，后先一辙。但逢有酒开尊，何须北海；偶遇良辰雅集，即是西园矣。

且今日芝兰满座，客尽凌云；竹叶飞觞，才皆梦雨。当为刻烛，请各赋诗。宁拘五字七言，不论长篇短制；无取铺张学海，所期抒写性情云尔。

这篇文章，不少研究者称之为"有清一代最美的骈文"，将它与王羲之的《兰亭集序》、李白的《春日宴从弟桃李园序》相提并论。

平心而论，有王羲之和李白的珠玉在前，容若这篇文章很难与之争辉。但那种"芝兰满座，竹叶飞觞"的雅兴是一脉相承的，那种"浮生若梦，为欢几何"的伤感情绪也是类似的。

容若果然是个天生的惆怅客，即使高朋满座，良辰雅集，他也能从中嗅出悲伤的气息来。叮叮咚咚的泉水声，在他听来是"玉泉鸣咽"；雕梁画栋的楼阁，在他看来是"妆阁凄凉"。

浮生若梦，胜地不常。急管繁弦的欢快乐声中，已经隐隐可以听到变徵的哀音。

眼看他起高楼，眼看他宴宾客，虽然来不及眼看他楼塌了，但容若好像已经早有预感。

康熙十八年（1679）三月初一，正是北京阳春三月的和暖时节。清代第一次，也是最盛大的一次博学鸿儒科考试，在太和殿和体仁阁隆重举行，与试者共一百四十三人。

相对于科举考试来说，博学鸿儒科的考试堪称轻松自在。考试的题目很简单，一道是赋——《璇玑玉衡赋》，一道是诗——《省耕诗》。考试的氛围也很轻松，特意撤去了护军监场，以免考生紧张，考生们还可以坐在椅子上，"吟咏自适"。

容若的朋友中，有一心想借此仕进的，如姜宸英，可惜此人恃才傲物的名声在外，不为当权者所喜，因此居然被这场毫无难度的考试刷了下来。

也有迫于无奈才来应试的，如严绳孙，此人是真淡泊，对做官毫无兴趣，因被人举荐勉强来参加考试，仅草草作了一首《省耕诗》就交卷了。这般敷衍，按说应该榜上无名，康熙却钦定"史局中不可无此人"，抱着野无遗贤的目的将他录取了。不过严绳孙实在无心做官，没过几年就挂冠而去了，这是后话了。

除了严绳孙之外，与容若交好的朱彝尊、秦松龄、陈维崧等人均被录取，且列为一等。这次考试共列一等二十人，二等三十人，都授为翰林官，入史馆修《明史》。

这其中，朱彝尊最受重用，康熙二十二年（1683），入值南书房，康熙见他年老体衰，还恩赐他在紫禁城骑马。朱彝尊前半生郁郁不得志，也曾抱怨自己"四十无闻"，没想到一朝选在君王侧，居然会蒙受如此恩宠。人生的际遇，就是这样奇妙。

康熙十八年（1679）的春天，对于容若的这些朋友来说，不啻于一个人生的转折点。失意的，从此再无翻身的希望；得意的，由此踏上了平步青云之路。总体来说，还是得意的多于失意的，于是那年暮春，他们便结伴郊游，在澹荡春光中，信马由缰，连句成篇：

出郭寻春春已阑。（陈维崧）

东风吹面不成寒。（秦松龄）

春村几曲到西山。（严绳孙）

并马未须愁路远，（姜宸英）

看花且莫放杯闲。(朱彝尊)

人生别易会常难。(纳兰成德)

——《浣溪沙·郊游联句》

词为心声,在陈维崧、朱彝尊等人的词句里,无不流露出"春风得意马蹄疾,一日看尽长安花"的喜悦之情。只有落榜的姜宸英和失去妻子的容若,所赋词句中隐隐含着淡淡的哀愁。

容若和《红楼梦》中的宝玉一样,也是个喜聚不喜散的。偏偏他的这些朋友,都是些偶来北方的京华倦客,终究是要回到南方去的。送别朋友的时候,他总是难舍难分。正因为聚少离多,他才会发出"人生别易会常难"的感叹。

细心的读者可能观察到了,在这些人之中,独独少了顾贞观一人。原来这一年顾贞观正逢母丧,已回南边去了,临行前,容若将一片离情别意,写进了《于中好》一词里,巧的是,这首题在顾贞观小像上的词中也有"一片伤心欲画难"之句,与容若对着亡妻遗像所写的"一片伤心画不成"相似。妻子去世之后,顾贞观就是他在这世上唯一的知己了,他将一腔深情,全数倾注在这位老友身上。

顾贞观走后,容若特意在相府的朱楼高阁之旁,为他构建了几间茅屋。他知道,顾贞观浪迹天涯惯了,住不惯那种金碧辉煌的楼阁,反而是这几间雅致的茅斋,更配得上好友的高洁脱俗,"聚首羡麋鹿,为君构草堂"。

茅屋建好之后,容若立即给顾贞观写信,在信中附上了所写的一首词,邀请老友前来长住:

第七卷 仕宦：人生何事缁尘老

> 问我何心？却构此、三楹茅屋。可学得、海鸥无事，闲飞闲宿。百感都随流水去，一身还被浮名束。误东风、迟日杏花天，红牙曲。
>
> 尘土梦，蕉中鹿。翻覆手，看棋局。且耽闲殢酒，消化薄福。雪后谁遮檐角翠，雨余好种墙阴绿。有些些、欲说向寒宵，西窗烛。
>
> ——《满江红·茅屋新成却赋》

"百感都随流水去，一身还被浮名束"，容若所向往的，是和顾贞观这样的知己，一起在杏花疏影里，吹笛到天明，可惜他终究摆脱不了身份的束缚。这三间茅屋，不仅是为好友所建，也是他为自己营造的一个小小的桃花源，用来供心灵栖居。在这里，他和好友可以像海鸥一样，悠闲地飞来飞去，不必去理会世事的纷纷扰扰。

如此深情厚谊，怎教人不感动？在容若的诚意相邀下，久别京华的顾贞观终于归来了，还给好友带来了一份珍贵的见面礼——由他精心编印的《饮水词》。

这部词集的名字是容若取的，取自佛经中"如鱼饮水，冷暖自知"之语，可见他的心境，已与数年前刊印《侧帽词》时完全不同了。

词集的刊印却是由顾贞观在吴中时一手完成的，容若那时妻子新丧，有心无力，只得将自己的词集交给好友整理。为此他还特意写了一首《虞美人·为梁汾赋》：

凭君料理花间课，莫负当初我。眼看鸡犬上天梯，黄九自招秦七共泥犁。

瘦狂那似痴肥好，判任痴肥笑。笑他多病与长贫，不及诸公衮衮向风尘。

容若自幼就喜欢《花间词》，所以他把自己的词作称为"花间课"。"凭君料理花间课"，一个词人，能将自己看得比性命还重的词作交给他人整理刊印，这是莫大的信任。

"泥犁"是梵语的音译，意为地狱。在这里，容若是将顾贞观引为同道，以黄九（黄庭坚）、秦七（秦观）自况。黄庭坚年轻的时候喜欢写些香艳小词，有个叫法云的和尚曾斥责他说："你写这些下流的东西，当心以后下地狱。"容若此句反用其意，意思是我们就是要以填词为乐，让那些小人鸡犬升天去吧，我们宁愿冒着下地狱的风险也不愿和他们同流合污。

"瘦狂那似痴肥好，判任痴肥笑"，"瘦狂"指的是容若与顾贞观，"痴肥"则是指追逐荣华富贵之辈。"笑他多病与长贫，不及诸公衮衮向风尘"，容若多病，顾贞观长贫，因此他们被衮衮诸公所笑，可这些愚钝的势利小人，哪里懂得他们追求的精神境界呢？

纳兰词一贯含蓄，这首词却写得豪气干云，尖刻地嘲讽了那些只知争名逐利的痴肥之辈。只有在顾贞观面前，容若才会坦露出骨子里的叛逆，因为只有顾贞观，才会懂得他的高洁和愤世。他知道，顾贞观和自己一样，对常人追求的浮名虚利不屑一顾，却将常人瞧不上的所谓诗词小道视若性命,他定然会珍重对待自己的词作。

果然,顾贞观没有辜负容若的信任,他在康熙十七年(1678)就刊印好了《饮水词》,并亲赴扬州请著名的"红豆词人"吴绮为之作序。

《饮水词》的刻本已经失传,吴绮的序言却流传了下来,在序中,他盛赞容若"才由骨俊,疑前身或是青莲;思自胎深,想竟体俱成红豆也"。吴绮对纳兰词一见倾心,不禁异想天开,觉得能写出如此惊才绝艳的词句的作者,一定通体都是红豆幻化的吧。吴绮还独具慧眼地指出:"嗟乎!非慧男子不能善愁,唯古诗人乃可云怨。"

文心即愁心,只有天性明慧的男子才能善愁工怨,吴绮这两句序言,引起了顾贞观的强烈共鸣,他也为《饮水词》写有一篇序言,紧紧扣住了容若工于言愁的特质:

> 非文人不能多情,非才子不能善怨。《骚》《雅》之作,怨而能善,唯其情之所钟为独多也。容若天资超逸,翛然尘外。所为乐府小令,婉丽凄清,使读者哀乐不知所主,如听中宵梵呗,先凄婉而后喜悦。定其前身,此岂寻常文人所得到者……

顾贞观不愧是容若的知音,"婉丽凄清"四个字,道尽了纳兰词的独特风格。"非文人不能多情,非才子不能善怨",则和吴绮所说的"非慧男子不能善愁,唯古诗人乃可云怨"有异曲同工之妙。

当这两位作序者异口同声地称赞容若的天才横溢、敏感善愁时，却没有意识到，情深者往往不寿，他们所写的序言，倒像是提前为容若写下的谶语。

《饮水词》刊出后，立刻一纸风行，倾倒了当时的读者，甚至和顾贞观的《弹指词》一道传到了海外。朝鲜人对容若的词作深爱不已，称誉为"谁料晓风残月后，而今重见柳屯田"。容若浅白自然、言情入微的词作风格，确实与北宋的柳永相近。

续弦：一种蛾眉，下弦不似初弦好

康熙十九年（1680），距离爱妻卢氏去世，已经三年了。

这三年里，父母曾无数次地催容若续弦，可他总是一再推托。等到三年过去后，实在是再也找不出借口，古时候替父母守孝也只守三年，何况是妻子。容若是痴情种子，同时也是至孝之人，他没有办法罔顾父母的感受。

在妻子去世三年之后，他终于接受了父母为自己续娶的妻子。这位女子同样是父母精心为他挑选的，出身著名的瓜尔佳氏家族，简称官氏，是清初名将图赖的孙女。对于清廷来说，图赖功勋显著，曾南下破扬州，斩杀史可法，俘获福王朱由崧，是立下了汗马功劳的开国元勋。可对于汉人来说，图赖是个残忍的将领，清军破扬州之后，曾大肆屠杀无辜百姓，史称"扬州十日"，可想而知，身为将领，图赖的手上一定也沾满了汉人的鲜血。

如果说出身于两广总督之家的卢氏是名门淑女，那么出身于有清第一望族的官氏则是将门虎女。论根基、论门第，她是配得上容若的。只可惜，同样是门当户对的婚姻，换来的却是不一样的结局。

容若与这位续配之间，长久以来都被人看成一场政治婚姻。

可也有人指出，容若和官氏之间，也许并非毫无感情，他随皇帝天南海北地出巡的时候，还是写下了一些思念家室的作品。

如《清平乐》："塞鸿去矣，锦字何时寄。记得灯前佯忍泪，却问明朝行未。别来几度如珪，飘零落叶成堆。一种晓寒残梦，凄凉毕竟因谁。"《一络索》："过尽遥山如画，短衣匹马。萧萧落木不胜秋，莫回首、斜阳下。别是柔肠萦挂，待归才罢。却愁拥髻向灯前，说不尽、离人话。"

这些词作到底是写给妾室颜氏的，还是写给续妻官氏的，已经无从考证了。依容若怜香惜玉的性情，他不大可能故意去冷落续娶的妻子，这样冷酷的事他做不出来。当然，这也绝不代表，官氏能够取代卢氏在他心目中的地位。卢氏是他的结发妻子，也是他的红颜知己，这是谁都无法取代的。他写于这一阶段的词里，也含蓄地透露出"新人不如故"的心情，比如：

"一种蛾眉，下弦不似初弦好。庾郎未老，何事伤心早？"

"鸾胶纵续琵琶，问可及、当年萼绿华。但无端摧折，恶经风浪；不如零落，判委尘沙。最忆相看，娇讹道字，手翦银灯自泼茶。令已矣，便帐中重见，那似伊家。"

如此看来，容若续娶后的状况，倒有点像宝玉在林妹妹去世后娶了宝钗的情形——"纵然是举案齐眉，到底意难平"。他与卢氏，才是天上人间也难隔绝的"一生一代一双人"，至于对官氏，敬重有之，体贴有之，却唯独少了一份心心相印的缠绵。父母再给他娶了一个妻子，他就给她一个妻子应该得到的尊重与关怀，仅此而已。

关于男女之间的感情，作家廖一梅曾说："人这一生，遇到性、遇到爱都不稀罕，稀罕的是遇到了解。"唯有了解，才会懂得。容若和卢氏之间难以取代的，正是这份懂得。其他女子对他所缺少的，也正是这份懂得。

所以不难理解，为何容若在续弦之后，还是写出了那么多悼亡之作。新婚的喜悦并没有冲淡他对故人的怀念，他就像个孩子一样，不管不顾地沉浸在对往昔的追忆之中：

> 此恨何时已。滴空阶、寒更雨歇，葬花天气。三载悠悠魂梦杳，是梦久应醒矣。料也觉、人间无味。不及夜台尘土隔，冷清清、一片埋愁地。钗钿约，竟抛弃。
>
> 重泉若有双鱼寄。好知他、年来苦乐，与谁相倚。我自终宵成转侧，忍听湘弦重理。待结个、他生知己。还怕两人俱薄命，再缘悭、剩月零风里。清泪尽，纸灰起。
>
> ——《金缕曲·亡妇忌日有感》

这天正是五月三十日，落花成冢、潇潇雨歇的葬花天气，三年前，妻子正是在这一天过世的。抛下了金钗钿盒、三生三世的约定，抛下了他孤零零一个人留在这世间。

失去了一生所爱的容若，心字早已成灰，"料也觉、人间无味"，纵然还是活着，却那样索然无味。他唯一盼望的，是能和亡妻做个他生知己，再续今生的缘分。

目睹容若丧妻后的惨痛，同样是性情中人的顾贞观深为感动，也写了一首深情的和韵词，收入了他的《弹指词》中：

> 好梦而今已。被东风、猛教吹断,药炉烟气。纵使倾城还再得,宿昔风流尽矣。须转忆、半生愁味。十二楼寒双鬓薄,遍人间、无此伤心地。钗钿约,悔轻弃。
>
> 茫茫碧落音谁寄。更何年、香阶刬袜,夜阑同倚。珍重韦郎多病后,百感消除无计。那只为、个人知己。依约竹声新月下,旧江山、一片啼鹃里。鸡塞杳,玉笙起。
>
> ——《金缕曲》

这首词同样名为《金缕曲》,与容若的原词同调同韵,可见是一首步韵之作。不得不说,顾贞观对容若了解极深,"纵使倾城还再得,宿昔风流尽矣",短短十三个字,写尽了容若丧妻后的沉痛和绝望。

荀粲在妻子亡故之后,还只是感叹"佳人难再得",顾贞观却替容若说出了心声,"纵使倾城还再得,宿昔风流尽矣",更进了一层,也更加凸显了容若与卢氏之间的知己之情。佳人也许还可以再得,可懂得他、了解他的知己却不会再有了。

写下"待结个、他生知己"的容若,已经浑然忘了,这是他续弦的头一年,他完全没有考虑到,若官氏看到这样的句子,会是怎样的心情。对于一个女人来说,最难忍受的就是活在前任的阴影之下。"鸾胶纵续琵琶,问可及、当年萼绿华",感情中,一旦有了比较,就难免会有高低,再大度的女人,也受不了夫君总是频频发出"新不如故"的感叹。

裂痕就此悄悄地产生了,这段婚姻,在美满的程度、相爱的深度上来说,都无法与容若的上一段婚姻相比。有些人将此归咎于官氏的个性,指责她刁蛮任性。事实上,这种揣测没有任何依据,而且未免太过恶意。可怜的官氏,也不过是一段错误婚姻的受害者罢了。

续娶的这位官氏,与之前的妾室颜氏一样,都被遮蔽在容若与卢氏的爱情光环之中,逐渐沦为一个可有可无的尴尬角色,连陪衬也算不上。

后来连徐乾学、顾贞观、韩菼等人为容若撰写悼文或墓志铭时,也无一例外地对官氏一笔带过:

继室官氏,某官某之女(《通志堂集》卷十九:徐乾学《纳兰容若墓志》)。

继官氏,封淑人,某官某之女(《通志尚集》卷十九:韩菼《纳兰容若神道碑》)。

以身世论,官氏是图赖的孙女、光禄大夫少保一等公朴尔普的女儿,出身远比卢氏更为显赫,徐乾学等却连她的家世背景也不愿意提及,只能够解释为,官氏长期以来都处于被忽视的位置。甚至有人据此推论说,官氏嫁给容若后并无生育,在他去世之后不久,她就回到了娘家,并由娘家安排另嫁他人。

如果真是这样,她的结局倒还不算太糟糕,我们不能要求一个没有得到过爱情的人为亡夫守节。可这毕竟只是推测,更有可能的是,在容若去世之后,这个绮年玉貌的将门女子,就此过上了槁木死灰般的寡居生活,寂寞终老在深深庭院之中。

一种情深,十分心苦,容若既然割舍不掉对亡妻的那份深情,就难免会辜负其他女子。可悲的是,官氏这一生,可能并没有品味到爱情的甜美,却早早尝尽了爱情的苦涩。

归来：谁遣偏生明慧

康熙二十年（1681）十月，北京的秋天已经接近尾声，很快就将飘起第一场雪。瑟瑟秋风中，走来了一位不同寻常的来客，两鬓斑白，面色憔悴，身上还穿着一件厚厚的皮袍，在还未换上棉服的京城人士中显得那样不合时宜。

这位客人就是来自宁古塔的吴兆骞，他在塞北苦寒之地已经待了足足二十三年，东北的风霜使这位曾经意气风发的才子提前衰老了，站在秋风之中，他发现，自己已经不太适应中原故土宜人的气候了。

"绝塞生还吴季子，算眼前、此外皆闲事"，这一年，距离容若与顾贞观定下的约定刚好五年，君子之诺，果然分毫不爽，五年期满，吴兆骞总算从宁古塔平安归来了。

为了践行这一约定，从不干涉政事的容若到处奔走、上下斡旋，费尽了心思。康熙十九年（1680），他随康熙到东北长白山祭祀时，特意安排人通知吴兆骞，让他写了一篇极尽铺排之事的《长白山赋》献上。

这篇赋文长达一千六百多字，洋洋洒洒、辞藻华丽，康熙看过之后大为惊叹，不禁问起作者是谁。容若趁机介绍了吴兆骞的身世，并请求皇帝特赦。康熙知道能写出如此辞赋的人是有真材实料的，所谓的"科场舞弊"不过是一场冤案，但他考虑到此案是在顺治朝定夺的，所以并没有一口答应容若的请求。

容若没有轻易放弃，而是出钱出力，多次面求康熙，更加积极地为此事奔波。与此同时，文华殿大学士宋德宜以及容若的老师徐乾学等人都加入了营救吴兆骞的队伍之中，形成了一股强大的合力，这股合力促使康熙最终下定决心，同意容若等人以两千金赎回吴兆骞，这位聪慧的皇帝是以此来向江南文人集团示好。

吴兆骞的归来，轰动了整个京城。

朋友们纷纷设宴接风，庆贺他的归来，在欢迎他的宴会上，徐乾学即席赋就《喜吴汉槎南还》一诗，为这位老朋友的归来欢呼：

惊看生入玉门关，卅载交情涕泗间。
不信遐陬生马角，谁知彩笔动龙颜？
君恩已许闲身老，亲梦方思尽室还。
五雨风清南下好，桃花春张正潺湲。

此诗一出，陈维崧、潘耒、王鸿绪、毛奇龄、王士祯等名士应声唱和，最后唱和者竟多达上百人。可见吴兆骞被放还，成了康熙年间文人圈中影响深远的一件大事。

一同出席宴会的容若也挥笔写就了一首和诗：

才人今喜入榆关，回首秋笳冰雪间。
玄菟漫闻多白雁，黄尘空自老朱颜。

星沉渤海无人见，枫落吴江有梦还。
不信归来真半百，虎头每语泪潺湲。
　　——《喜吴汉槎归自关外，次座主徐先生韵》

这一年，容若二十七岁，恰好是吴兆骞被流放到宁古塔那一年的年龄。二十七岁，风华正茂，本是大有可为的年纪，吴兆骞却不幸在极北严寒之地，消磨掉了一生中最美好的年华。等到归来时，已经是年过五十的半老之人。

全诗的最后一句，"虎头每语泪潺湲"，虎头也就是顾贞观。容若这个人，很多时候真的做到了眼里只有朋友，完全忘了自己。当举城都将吴兆骞的放还归功于他和父亲明珠时，他却对自己的功劳只字不提，唯独感动于顾贞观对朋友的一片真情。

关于顾贞观和吴兆骞，还有一个动人的小故事。顾贞观虽为营救吴兆骞出力甚多，却从未在好友面前提及，因此吴兆骞并不清楚他究竟为自己付出了什么。他返回京城后，一度对顾贞观产生了误解，这个时候，还是容若挺身而出，澄清他们之间的误会。

在容若的请求下，父亲明珠特意将吴兆骞叫到书房。吴兆骞一进门，就看见左边的柱子上刻着一行大字——"顾贞观为吴汉槎饮酒处"，往右一看，右边的柱子上也刻着一行大字——"顾贞观为吴汉槎屈膝处"，吴兆骞见了后又是感动又是惭愧，这才知道心高气傲的顾贞观为了自己居然不惜牺牲最为看重的尊严。他连忙向顾贞观道歉，一对生死之交的友谊自此更加深厚了。

对于容若来说，好朋友的朋友，就同样是他的朋友。他以对待顾贞观的赤诚和真心，来对待素无交情的吴兆骞。吴兆骞从东北归来,当真是像顾贞观在《金缕曲》中所形容的那样,"母老家贫子幼",全靠朋友们的周济。为了缓解吴兆骞的窘境,容若特意央父亲聘请他,教弟弟揆叙读书,还出资将他们一家人都接到了纳兰府上安顿好,"三载宾筵,锦衣鼎食",招待得十分周到。

吴兆骞从此成了容若朋友圈中的一员,客馆授课之余,就与顾贞观、陈维崧、姜宸英等人一起饮酒作诗,他和容若之间也有唱和之作。

康熙二十一年(1682)的上元之夜,容若为顾贞观所构建的茅斋里悬起了花灯,照得月夜如昼,好友们在此以饮酒赏灯为乐,纷纷举杯向刚刚归来不久的吴兆骞祝贺。酒助人兴,他们玩起了一个观灯填词的风雅游戏,具体规则是走马灯转到面前时,灯上的画是哪幅,就以此画为题材吟咏,赋诗或词一首。

走马灯转啊转,停到吴兆骞面前时,恰好是一幅《柳毅传书》。柳毅传书说的是一个关于承诺的故事,龙女托柳毅传信,柳毅终不负所托。那在泾水之畔牧羊的龙女,不禁引起了吴兆骞的身世之悲,于是他一挥而就写成了数首七绝,其中之一说:

年年河朔掩蒿莱,橘社包山梦屡回;
今日雨工图上见,却怜侬亦牧羊来。
——《集成侍中容若斋,赋得柳毅传书图,次俞大文韵》

"却怜侬亦牧羊来",吴兆骞这是在借他人之酒杯,浇自己胸中之块垒,龙女的坎坷遭遇让他产生了同是天涯沦落人之感。好在,龙女遇到了仗义相助的柳毅,他则有顾贞观、容若等出手搭救，他们最终能逢凶化吉，苦尽甘来，都在于一个"信"字。

走马灯继续转，这回停在了容若面前，灯光映照之下，正是一幅《文姬归汉图》。文姬是东汉蔡邕的女儿，从小精通音律、博学多才，可惜父亲蒙冤入狱柱死，丈夫又早早病故，孤苦无依的她被匈奴人掳走，献与匈奴左贤王为妃，在胡沙黄尘中一待就是十二年，生下了两个孩子。后来曹操感念于恩师蔡邕，便用重金赎回了文姬，令她另嫁他人，这就是"文姬归汉"的故事。

"文姬归汉"，这个被称作佳话的故事，事实上是十分悲情的。蔡文姬被曹操赎回，得以重返故土，看起来是幸运的，其实她为此不得不泣别两个亲生孩儿，那种骨肉相离之痛，实在是人生之大不幸。她所写的《胡笳十八拍》中就一再写到了这种锥心之恨：

今别子兮归故乡，旧怨平兮新怨长。
泣血仰头兮诉苍苍，胡为生兮独罹此殃！

走马灯上光芒闪烁，眼前文姬的脸渐渐与席上吴兆骞的脸交织在一起，吴季子啊吴季子，你纵然和文姬一样从绝塞生还，便归来，平生万事，哪堪回首啊！想你心中的憾恨，一定也和文姬一样多，旧怨虽平，新怨又生，谁能懂得你们心里的遗憾？谁能补偿你们受过的苦楚？一股抑郁不平之气油然而生，用不着多加思索，一首慷慨激昂的《水龙吟》就从容若笔下喷薄而出：

须知名士倾城，一般易到伤心处。柯亭响绝，四弦才断，恶风吹去。万里他乡，非生非死，此身良苦。对黄沙白草，呜呜卷叶,平生恨、从头谱。

应是瑶台伴侣。只多了、毡裘夫妇。严寒觱篥,几行乡泪,应声如雨。尺幅重披,玉颜千载,依然无主。怪人间厚福,天公尽付,痴儿骏女。

"须知名士倾城,一般易到伤心处",吴兆骞和蔡文姬,一个是风流名士,一个是倾城佳人,才子红颜,相隔千年,竟是一样命苦。

文姬父女都精通音律,当年蔡邕用柯亭的竹子来制作笛子,笛声清亮无双。女儿文姬,继承了父亲在音乐方面的天赋,一次,蔡邕弹琴的时候无意中拨断了一根琴弦,文姬听到后立即说:"断的是第二弦。"蔡邕以为女儿是信口猜中的,于是又故意弄断了一根琴弦,岂料文姬又说:"这次断的是第四弦。"蔡邕这才感慨女儿的音乐才华远远超过了自己,文姬也因此得了一个"四弦才"的别号。

"柯亭响绝,四弦才断",蔡邕冤死之后,再没有人能够制作出那样音色浏亮的笛子来,他唯一的知音——女儿文姬也被掳到了万里他乡之外。从此后,再也听不到琴笛之声,只能在胡人的觱篥声中,落泪如雨,苦苦思念着故乡。

此词虽字字写的是文姬,却又字字都暗合吴兆骞的遭遇。"万里他乡,非生非死",化用的就是吴伟业在《悲歌赠吴季子》中的诗句"山非山兮水非水,生非生兮死非死"。求生不得,求死不能,唯有经历过人生大痛的人方能领会此中意味。

还有这句,"应是瑶台伴侣。只多了、毡裘夫妇",既可以理解成文姬嫁于匈奴左贤王之事，也能看作吴兆骞夫妇同甘共苦的经历，他们本来生活在人间天堂的江南，是一对人见人羡的神仙眷属，最后却落得发配边疆，沦落成一对毡裘夫妇。

　　容若是一个共情能力极强的人，对于吴兆骞的坎坷遭遇，自然是抱以真切的同情，不仅如此，他还代入了自己的感受。最后那句，"怪人间厚福，天公尽付，痴儿骏女"，可以说汇入了千百年来才高命舛之人的同声一哭。

　　太过聪明的人往往福薄，在另一首同样写吴兆骞的词里，容若也发出了这样的感慨，"信道痴儿多厚福，谁遭偏生明慧"。人们常说，傻人有傻福，吴兆骞之所以如此不幸，只怪他生来太过明慧吧。

　　"慧极必伤"，当容若在替吴兆骞不平的时候，却没想到，这四个字，最后竟也在他的身上得到了印证。

觇梭龙：风一更，雪一更

长漂泊，多愁多病心情恶，心情恶，模糊一片，强分哀乐。

拟将欢笑排离索，镜中无奈颜非昨。颜非昨，才华尚浅，因何福薄。

康熙二十一年（1682），容若作为康熙帝的扈从，开始随驾北巡，一路谒永陵、昭陵，出了山海关，一直到了长白山。东北的白山黑水，何等壮丽。在出巡途中，容若目睹了北国风光，词作仿佛也得了江山之助，平添了几分气势。他写了一系列的边塞词，以下两首堪称代表作：

山一程，水一程，身向榆关那畔行，夜深千帐灯。

风一更，雪一更，聒碎乡心梦不成，故园无此声。

——《长相思》

万帐穹庐人醉，星影摇摇欲坠，归梦隔狼河，又被河声搅碎。

还睡，还睡，解道醒来无味。

——《如梦令》

  容若虽以婉约词闻名，但他的边塞词也写得极具特色。王国维对这两首词赞赏不已，曾将《长相思》中的"夜深千帐灯"、《如梦令》中的"万帐穹庐人醉，星影摇摇欲坠"与"明月照积雪""大江流日夜""中天悬明月""长河落日圆"等名句相提并论，说此中境界，可称为千古壮观。

  这两首词的境界，确实十分阔大。容若随御驾初次出关时，还是这一年的三月，其时冰雪未消，触目所及无非荒凉，不由得触动了乡思。

  边塞诗词，风格大多雄壮，如"长河落日圆，大漠孤烟直"之类。容若的边塞词，却在雄壮之外，又染上了一层悲凉的气氛，形成了独具特色的悲壮词风。

  容若随驾扈从，每次都是前呼后拥，声势浩大，可他的内心，始终是十分孤寂的，尤其到了夜深人静的时候，那种寂寞的心情就格外明显。"夜深千帐灯"，这样的奇景在以前的诗词中从未出现过，辽阔草原上，千军一同露营，点点灯光从帐篷里透出来，与四周的茫茫黑暗形成了鲜明对比。千帐灯火，映照的是一颗颗无眠的乡心。帐外狂风呼啸，雪花乱舞，惊醒了将士们的梦，他们想起刚刚离别的故乡，是那样温馨宁静，哪有这种风雪交织的聒噪之音。

  "故园无此声"，若是清代的开国者们看见这样的词句，不知会作何感想。容若是满洲贵族，关外塞北才是他祖先的发源地，他却早已将生于斯、长于斯的京城看成了自己的故乡。这位在绮罗丛中长大的贵公子,已经不适应塞外严寒的天气和粗糙的生活了。

这点苏雪林分析得很对,她认为:"这位朱邸红楼里走出来的阔公子,虽然黾勉从公,虽然奉使远道,虽然打猎射生,但他对于那单调荒凉的大漠生活,其实非常不习惯,而且觉得厌恶。他血管里更没有他祖宗的热血了。游牧民族精悍剽疾的本色,早被他那汉族柔弱的文化,以及富贵温柔的生活,淘汰尽了。他的神经纤维已经变得很灵敏、很细腻,富于感受性,需要高尚精美的美术文学,或浪漫神秘的恋爱来刺激它了。因为他生长在满洲贵族家庭里,不敢不习武。做了侍卫,伺候皇帝,不得不出塞,其实又何尝是他所欢喜的啊!"

"万帐穹庐人醉,星影摇摇欲坠",在仿佛就要坠落下来的漫天星斗之下,在气势如虹的千军万马之中,他却喝得酩酊大醉,只能在醉梦中寻找一些安慰,等到梦醒了,仍然觉得毫无兴味。

索然无味的情绪,贯穿了他整个北行途中。沿途的壮美风光,在他看来都分外萧索,无非是"败叶填溪水已冰,夕阳犹照短长亭";随驾出巡,对他人来说是件幸事,他的感受却是"长漂泊,多愁多病心情恶";他早已厌倦了"年来强半在天涯"的羁旅生涯,却不得不在山一程、水一程中将年华虚耗,等闲间白了少年头。

这一年的八月,他再次北上,这次不再是气势浩荡的随驾北巡,而是身负着隐秘的任务。他在北方逗留了几乎整个冬天,沿着黑龙江一路北上,直达与俄罗斯交界的雅克萨地带。

此次任务被形容为"觇梭龙","觇"是侦察的意思,也就是说,容若此行，肩负着的是刺探梭龙一带军情的任务。据史书记载，康熙二十一年（1682）秋冬，康熙派都统郎坦、彭春、萨布素等一百八十人，以"狩猎"的名义赴中俄边境侦察。这其中，就有容若，而且他很可能担任的是类似于首领的角色。

这个身负特殊使命的军团扮成猎户的样子，深入已被俄罗斯占领的雅克萨，摸清了此地的水陆地形，并探明了敌军的实力。

"觇梭龙"可以说是容若数年仕宦生涯中的一大实绩，姜宸英在纪念他的墓表中，就专门提到了此事，详细记述了容若此次出行的始末：

> 二十一年八月，使觇梭龙羌。其地去京师重五六十驿，间行或累日无水草，持干粮食之。取道松花江，人马行冰上竟日，危得渡。仅抵其界，幸得其要领还报，上大喜。君虽跋涉艰险，归时从奚囊倾方寸札出之，叠数十纸，细行书，皆填词若诗，略记其风土方物。虽形色枯槁不自知，反遍示客，资笑乐。

从姜宸英的记叙中可以得知，容若此行是十分辛苦的，沿途中常至数日没有水草地来补充水源和马草，只能吃随身携带的干粮充饥。一行人抵达松花江时，天气寒冷无比，江上早已结冰，他们牵着马在冰上小心翼翼地走了一整天，才安全地渡过了松花江。

到了中俄交界之处，他们冒着被识破的风险到处刺探军情，将俄罗斯的情况摸了个清楚，之后不敢多作逗留，赶紧回京禀报。康熙听了他们的汇报后十分欣喜，可见此行的任务完成得还算圆满。

容若年少时，曾渴望着横戈跃马、报效家国，这次远赴边境冒险侦察，终于让他的雄心壮志有了略加施展的机会。所以此行虽然跋涉艰险，他却不以为苦，回来时从皮囊中掏出数十张纸来，上面密密麻麻地写满了米粒般细小的字，都是他一路行来所填的词，写的都是边境的所见所闻、风土方物。

他本就多病，如此晓行夜宿、冰霜摧折，身体自然大大吃不消，回到京城的时候，已经面目憔悴、形容枯槁。朋友们都大为心疼，他却谈笑自若，还拿出行囊中的诗词，与大家一起赏读。

"形色枯槁不自知，反遍示客，资笑乐"，朋友们眼中觇梭龙归来的容若，俨然一位豪爽洒脱的江湖侠客。可这样的瞬间，在容若的生命中出现得太少了。豪放和洒脱，只是他偶尔披在身上的外衣，用来掩饰自己的满腔惆怅，悲情才是镌刻进他骨子里的东西。

事实上，关外那无时不休的风雪，不仅摧残了他的健康，也加剧了他的怅恨。对着那片片大如席的雪花，他写下了那首《采桑子·塞上咏雪花》的词，词中有"谢娘别后谁能惜"之句。花和惜花人，是在纳兰词中多次出现的隐语，他一再以花自比，将爱他的女子比成惜花人。他写过"休说生生花里住，惜花人去花无主"，不要再说生生世世都和花在一起，等到惜花的人离去之后，花便再也没人照顾、没人管了。

"谢娘别后谁能惜"，没有了那能对雪咏絮的谢娘，纵然再有柳絮般飘飞的雪花，又有谁懂得欣赏、懂得怜惜它呢？

不会再有那样的人了。眼前的漫天雪花，仿佛片片都是他的化身,在凄清的月色中,伴随着悲凉的胡笳声,无声地坠落在瀚海黄沙之中。

"不是人间富贵花",正是借雪花来自咏,纳兰容若,始终没有沾染上人间的尘俗气息。

第八卷 沈宛：西风多少恨，吹不散眉弯

江南好

> 江南好,风景曾旧谙。日出江花红似火,春来江水绿如蓝,能不忆江南?
>
> ——白居易《忆江南》

白乐天的这首《忆江南》,容若肯定是熟谙在心的。江南,是自古以来文人墨客们最为向往的佳丽地、繁华乡,容若自然也不例外。正如许多研究者指出的那样,他是有江南情结的,身处北方风沙之地,喜爱的却是杏花烟雨的江南风光,交往的也都是来自江南的文人雅客。

康熙二十三年(1684)九月至十一月,康熙首次下江南,容若也终于有了一个机会,来到那有三秋桂子、十里荷花的人间天堂。

从这一次南巡之后,康熙曾六下江南,由此还衍生出了一系列关于他"微服私访"的民间故事。清朝太祖、太宗、世祖三帝,没有一个人的足迹跨过了黄河。康熙开了清朝帝王南巡之先,帝王下江南,自然不是单纯地为了游玩,而是汇集了考察、巡视、省耕、治水等多种目的。

据清史专家阎崇年分析,除了这多重目的之外,康熙此行还有一个重要的目的——解满汉文化之结。所以他第一次南巡时，在山东登泰山、祭孔庙，到南京亲祭明孝陵，就是向天下昭告：大清已经完全接受了汉族儒家文化。

第一次南巡长达两个月，途经河间、济南、泰安、曲阜、桃源、高邮、扬州、镇江、苏州、江宁（今南京）等。皇帝出巡，扈从如云，身后随从多达上万人，康熙每到一地，都会引起轰动。

到扬州时，全城士民出城迎驾，满城张灯结彩。百姓们不仅夹道跪迎，而且随船追趋，只为一睹圣颜。

到镇江时，康熙登上了金山，并御笔亲题，在金山寺的门额上题下了"江天一览"四个字。乘船过黄天荡时，忽然江面狂风大作，随从众人无不惊慌失措，唯独康熙镇定自若，不仅面不改色，还兴致勃勃地来到船头射杀江豚。

作为扈从中精通文墨的侍卫，容若此行还得担当起为帝王歌功颂德的任务。康熙题字之后，他为此写就了一篇洋洋洒洒的《金山赋》，称赞康熙的书法和功德，"圣德备矣巡万方，鸾旄羽葆纷蔽江"。

康熙勇立船头射杀江豚的壮举，也被他记入了词中："江南好，铁瓮古南徐。立马江山千里目，射蛟风雨百灵趋。北顾更踌蹰。"

不排除词中有为帝王贴金的成分，但容若对这位同年所生的皇帝，应该是真心诚意地佩服的。康熙经历过的磨难远远比他多，幼年失怙，青年丧妻，每次侍从在旁时，容若都惊讶地发现，在康熙的身上，很难看到那些伤痛留下的痕迹。康熙的第一位皇后赫舍里也是因难产身亡的，她去世之后，康熙伤心至极，短短一年之内就去了巩华城（皇后的梓宫）三十四次，平均一周一次。

这份深情不亚于容若。可康熙的强大之处,就在于他的伤心从来不足以影响到他的治国和处事,他可以迅速地在悼亡者与帝王的角色之间自由切换;而容若呢,丧妻之痛已经彻底轧碎了他的心神,他的余生都没有从心痛中平复过来。这正是帝王与情种的区别所在。

好在还有江南的温山软水,来抚慰容若这个千古伤心人。身处在江南明瑟的山水间,他仿佛也暂时忘记了如影随形的伤痛。恰如黄天骥所说,跟着皇帝东奔西跑的日子,素来是令容若厌倦的,唯独到了江南一带时是个例外。一路走来他如鱼得水,心情舒畅,一口气写下了十余首《梦江南》,均以"江南好"开头,来赞叹江南风光的明丽:

>江南好,建业旧长安。紫盖忽临双鹢渡,翠华争拥六龙看。雄丽却高寒。
>
>江南好,城阙尚嵯峨。故物陵前惟石马,遗踪陌上有铜驼。玉树夜深歌。
>
>江南好,怀古意谁传。燕子矶头红蓼月,乌衣巷口绿杨烟。风景忆当年。
>
>江南好,虎阜晚秋天。山水总归诗格秀,笙箫恰称语音圆。谁在木兰船。
>
>江南好,真个到梁溪。一幅云林高士画,数行泉石故人题。还似梦游非?
>
>江南好,水是二泉清。味永出山那得浊,名高有锡更谁争。何必让中泠。

江南好,佳丽数维扬。自是琼花偏得月,那应金粉不兼香。谁与话清凉。

江南好,铁瓮古南徐。立马江山千里目,射蛟风雨百灵趋。北顾更踟蹰。

江南好,一片妙高云。砚北峰峦米外史,屏间楼阁李将军。金碧矗斜曛。

江南好,何处异京华。香散翠帘多在水,绿残红叶胜于花。无事避风沙。

容若此次南下,正值秋高气爽、桂花飘香的季节,他的笔下便少了些杏花春雨的惆怅,多了些明月清风的飒爽。这组《梦江南》,若论格调之明朗,语气之轻快,在整部纳兰词中都属"异调"。

江南之好,风光绮丽还在其次,更重要的是,它是他朋友们的故乡啊。在游览过的江南城市里,最让容若赞叹的不是春风十里的扬州,不是六朝金粉的南京,也不是"人家尽枕河"的苏州,而是一个相对来说不起眼的小城——梁溪,也就是无锡。这个地方在其他人看来并无出奇之处,他却十分喜欢,因为挚友顾贞观和严绳孙都是无锡人。在他写的这组《梦江南》中,有两首正是直接为这两位朋友所作:

江南好,真个到梁溪。一幅云林高士画,数行泉石故人题。还似梦游非。

新来好,唱得虎头词。一片冷香惟有梦,十分清瘦更无诗。标格早梅知。

第一首是写给严绳孙的，严绳孙工书画，被同乡人以画家倪云林相比。倪云林也是江苏无锡人，元末明初画家，元亡后散尽家财，浪迹太湖一带，终日以书画自娱，所画墨竹、山水无不幽秀旷逸，深得高人雅趣。容若将严绳孙比作倪云林，是称赞这位好友同样是位"山中高士"。

第二首是写给顾贞观的，"虎头"是容若对他的昵称。"一片冷香惟有梦，十分清瘦更无诗"，正是顾贞观《弹指词》中的佳句，容若一字不差地照引进词里，是借此来表达对好友词作的欣赏。

容若经过无锡时，可能与顾贞观有过一聚，据说他们"乘月去梯，中夜对谈"，为了不被他人打扰对谈的雅兴，居然特意撤去梯子，在月下倾谈至深夜，一时被传为词坛佳话。数日后，容若随康熙继续南行，顾贞观则受其所托，匆匆北上了。容若所托究竟是何事，留待稍后再叙，只说他和顾贞观仓促别过后，心中恋恋不舍，刚刚分别，就又给好友写了长信。

在给顾贞观的信里，他称赞江南土壤之美，风俗之醇，是平生所见之仅有。信的末尾，他如此写道："人各有情，不能相强。使得为清时之贺监，放浪江湖；何必学汉室之东方，浮沉金马乎？"

"贺监"指唐时的贺知章，"东方"则是指汉朝的弄臣东方朔。容若借信向好友剖白，说自己只想学贺知章那样告老还乡，"抱影于林泉，忘情于轩冕"，希望有朝一日能够远离京城的是是非非，到江南来归隐。然而，他知道这样的愿望是注定无法实现的，"是吾愿也，然亦不敢必也"，他身上背负的东西太沉重了，终究还是做不到抛开一切去放浪江湖。

从无锡离开后，很快就到了江宁。这座又称金陵的石头城，是闻名的六朝古都，到处都是历史的遗迹，用《儒林外史》作者吴敬梓的话来说，"真乃菜佣酒保都有六朝烟水气"。燕子矶头、乌衣巷口，也留下了我们这位多情公子的足迹，可他逗留得最久的，还是一位昔日老友的家，这位老友，就是曹寅。

曹寅，也就是那位曾和他一起在御前侍奉，"马曹狗监共嘲难"的朋友，也算是和容若识于微时了。此刻，他早就不再是小小的内务府官员，而是担任江宁织造一职，已非昔日阿蒙。

曹家从曹寅的父亲曹玺开始发迹，曹寅是袭父职接任织造的，他一生中两任织造，四视淮盐，都是些油水极大的肥差，曹家由此积聚了丰厚的财富，称得上富甲一方。康熙对曹寅极为宠信，六下江南，有五次都是由曹寅负责接驾，其中四次皆住在江宁的织造府里。为皇帝接驾，那是何等风光的幸事，就如元春省亲那样，曹家将银子花得像流水似的，出尽了风头，可也因此造成了巨大的亏空。

康熙对曾任自己保姆的曹玺妻子孙夫人非常孝顺，住在织造府中，不仅亲切地面见了孙夫人，还亲手书下牌匾一块，上题"瑞萱堂"三个字，以示不忘其恩。对曹寅这个自小一起长大的伙伴，康熙也将他当成家人一样看待，在他执政期间，有人弹劾曹寅，说他贪污亏空，他也只是要求曹寅将亏空补上，并不公开处理。

容若随康熙入住江宁织造府时，正是曹家烈火烹油、鲜花着锦的时候。曹寅酷爱风雅，在招待皇帝之余，也没忘了请来一帮文人骚客，与容若这位故友诗酒唱和、宴会雅集。他们常在一个叫楝亭的地方饮酒作诗，楝亭因植有楝树而得名，而这棵楝树，正是曹玺在世时亲手种植的。如今树虽亭亭如盖，种树的人却已亡故了，曹寅睹树思父，邀请了一批文人名士题诗作画，共有四十五位文人参与题咏，装订成四卷十图，这就是著名的《楝亭图卷》。

这其中，就有容若为之所作的一首《满江红》：

> 籍甚平阳，羡奕叶、流传芳誉。君不见、山龙补衮，昔时兰署。饮罢石头城下水，移来燕子矶边树。倩一茎、黄楝作三槐，趋庭处。
>
> 延夕月，承晨露。看手泽，深余慕。更凤毛才思，登高能赋。入梦凭将图绘写，留题合遣纱笼护。正绿阴、青子盼乌衣，来非暮。

词前还有小序，说明写作此词是"为曹子清题其先人所构楝亭，亭在金陵署内"，子清是曹寅的字，从此词中可以看出，容若对曹寅一家的情况是相当清楚的，开篇起笔就写奕叶传芳、山龙补衮，从眼前的楝树一直写到曹家的声望，若非熟悉曹寅家世的人，不会描绘得如此清晰。

"正绿阴、青子盼乌衣，非来暮"，词的最后，容若话锋一转，遥遥期待起来日的欢聚，何日能重聚？他设想，应该是青梅结子的时候吧。那时你我再煮酒论诗，重续今日的欢乐。

却不料，这已是他和曹寅的最后一面了。多年以后，他们共同的朋友张纯修作了一幅《楝亭夜话图》，曹寅在题咏之时，不禁想起了当年和容若秉烛夜话的少年时光，对好友的追忆和思念，汇成了一句流传至今的名句："家家争唱《饮水词》，纳兰心事几人知？"

这时，距离容若病故已经十年了。十年间，他的《饮水词》并未随着词人的离世一同淹没，反而越来越流行了。只是这些喜欢《饮水词》的读者中，又有几人能够知道填词者那满怀深藏的心事呢？

由此可见，曹寅知容若深矣，他们之间，绝非普通的泛泛之交。正因如此，才有那么多人深信，曹寅的孙子曹雪芹所著的《红楼梦》，就是以纳兰家事为蓝本的。更有人坚定不移地相信，贾宝玉这个人物，就是参照纳兰容若塑造出来的。

据《能静居日记》记载，乾隆末年，和珅为讨皇帝欢心，特意献上了一部在坊间人人争读的《红楼梦》，乾隆看过之后，对和珅说道："这部书，说的不就是明珠的家事吗？"

如今的红学界，持这种观点的人已经不多了。但对祖父的这位朋友，曹雪芹估计听说过很多关于他的事情，在他写作《红楼梦》的时候，不排除在自身经历之外，也融合了一些容若的特质和逸事。

曹公此著，原名《石头记》，后来才更名为《红楼梦》。巧的是，容若的词里，曾多次出现过红楼这个意象：

"梦里红楼，望个人儿见"；

"今宵便有随风梦，知在红楼第几层"；

"因听紫塞三更雨，却忆红楼半夜灯"；

"此夜红楼，天上人间一样愁"；

"望里家山云漠漠，似有红楼一角"；

……

如果据此去判定纳兰府中确有一处红楼，那就未免太过拘泥于字面了。红楼，也就是红粉佳人所住的朱楼，用在诗词中，常被用来代指富家女所居之地。

"红楼隔雨相望冷，珠箔飘灯独自归。"李商隐的这句诗，倒像是为容若量身定做的。那住过心爱女子的红楼，终究是人去楼空了，所有痴情贵公子的爱情故事，到头来，都不过是红楼一梦而已。

天海风涛之人

江南，不仅有草长莺飞的风景，更有烟视媚行的女子。李白游越地后念念不忘"镜湖水如月，耶溪女如雪"。一向不解风情的杜甫也懂得"越女天下白，镜湖五月凉"。容若此次南下，也倾倒在一位颜如玉的江南女子裙下。

这位女子，姓沈名宛，字御蝉，浙江乌程人，自幼受母亲教诲，著有《选梦词》。沈宛幼时失怙，不幸沦落风尘，才名与艳名都冠绝一时。

"黄昏后。打窗风雨停还骤。不寐乃眠久。渐渐寒侵锦被，细细香消金兽。添段新愁和感旧，拼却红颜瘦。"沈宛的名字，容若早在顾贞观、陈维崧等人的口里听说过，偶尔读到她流传至京师的词，更是觉得凄清哀婉，未免生了惺惺相惜之感。

能和他绮窗吟和的妻子卢氏已经去世多年，续妻官氏和妾室颜氏又只是粗通文墨，容若在读过沈宛的词之后，忽然有了心动的感觉，恰好顾贞观返乡，他给好友写了一封信，叮嘱道："闻琴川沈姓有女颇佳，望吾哥略为留意。"

琴川沈姓女，自然就是乌程沈宛了。这时容若已经知道自己翌年便会随康熙南巡，所以特意在信中拜托顾贞观，让他替自己去探访一下沈宛,看看她是否真如传闻中那样才色双绝。

顾贞观不负所托,亲自去沈宛处拜访,一见之下惊为天人,在给容若的回信中,他用"天海风涛之人"来形容这位才女。

容若知道好友素来眼高于顶,能得到他如此称誉实属不易。他对这位素未谋面的江南女子又多了几分好奇,于是在南下之前,又特意给顾贞观去了一封信说:

吾哥所识天海风涛之人,未审可以晤对否?弟胸中块垒,非酒可浇,庶几得慧心人以晤言消之而已。沦落之余,方欲葬身柔乡,不知得如鄙人之愿否耳?

在信里,容若用"天海风涛之人"来代指沈宛,"天海风涛"一语,出自李商隐《柳枝五首》序:"柳枝,洛中里娘也……生十七年,涂妆绾髻,未尝竟,已复起去。吹叶嚼蕊,调丝擫管,作天海风涛之曲,幽忆怨断之音……"

柳枝,是洛阳有名的歌伎,年方十七,住在李商隐堂兄的隔壁。一日,这位堂兄偶然吟诵起李商隐著名的《燕台》,柳枝听后深受感动,跑过来问:"什么样的人,才能将诗写得如此情致缠绵?"李商隐的堂兄告诉她:"这是我堂弟写的。"柳枝听了后,特意让这位堂兄代自己去向李商隐求诗,为让他放在心上,还特意扯断了衣带系在他身上再三提醒。

第二天,李商隐经过柳枝家门口的巷子时,见到一位打扮得很齐整的丫鬟,迎上前来对他说:"您就是李商隐吧?我家小姐三天后会去浣洗衣裳,盼望能与郎君见一面,她将焚香以待。"

李商隐一口答应了。谁知在赴约前夕，他的一位朋友跟他开玩笑，偷偷拿走了他的行李，赴京师赶考去了，李商隐忙着追赶朋友，没来得及去赴柳枝的约会。

李商隐再回来的时候已经是冬天，他去打听柳枝姑娘的消息，却听说她已经被一位大官娶走了。故事还没开始就已结束，当真是"此情可待成追忆，只是当时已惘然"。

容若在这里用到了"天海风涛"的典故，是借此来暗示沈宛的身份。沈宛和柳枝同样是位歌女，同样才艺出众、精通音律，她吹奏的乐声就像天风海涛一样悦耳动听。关于沈宛的这一身份，容若在诗词中曾多次提及，他曾用"扫眉才"来称呼她，又说她是"枇杷花底校书人"，这正是将沈宛比作唐时名重一时的歌伎薛涛。

如此看来，沈宛对容若的吸引力，更多的是在于她的才情，而非美貌。这些年来，他太寂寞了，朋友之间再亲密，也取代不了爱情，所以他渴望着能有一个聪慧可人的女子，能够让他暂且忘却伤痛，缓解他深入骨髓的孤寂。

容若随康熙下江南时，在顾贞观的精心安排下，他和沈宛见面了。于容若来说，这次会面并没有让他失望，其时正是初秋，他却在面前这个怀抱琵琶的女子身上，看到了整个江南明媚的春天。

吴越女子温如玉。江南烟雨的氤氲滋养出她们温润如玉的肌肤和情怀，只有那样雪作肌肤、花为肚肠的女子，才配得上那样明净的湖光山色。沈宛，就是这样一个从江南水乡中走出来的女子，冰雪为肌，秋水为神，即使坐在那里不动，也美得像一首宋人小令。

而小令，正是容若最钟情的文体。

于沈宛来说，早就听说过容若的才名，熟读过他的《饮水词》。初次读到"谁念西风独自凉，萧萧黄叶闭疏窗"时，她也曾和柳枝一样，顿时惊坐而起，掩卷长叹："谁人有此？谁人为是？"是什么样的人，才能有这般的深情？是什么样的人，才能写出这样的词句？

对于那个时代的人来说，因为一首诗、一句词而生出对一个人的倾慕，是再自然不过的事。早在见面之前，容若和沈宛，就已经通过彼此的诗词，认取了对方的灵魂。等到相见，只不过是再次确认罢了。

"就是她了。"

"就是他了。"

当他们见到对方的第一眼，几乎就在心中确定了答案。他和她，都想给自己一个机会，一个告别昨日、重新开始的机会。容若是想借沈宛来确认一下，自己是否还能够再拥有爱情。沈宛呢，则是将容若看成了一个不错的归宿。

在那个时候，名妓最爱的不是豪客、不是大官，而是才子名士。秦淮八艳中，李香君、卞玉京、董小宛等人与明末四公子之间的爱情佳话，是被青楼中人艳羡的。受这种风气影响，沈宛垂青于容若，当然是一点也不奇怪的。

容若此次南行公务缠身，只得拜托顾贞观先替他护送沈宛回京。他自己则继续留在南方。就在康熙二十三年（1684）的十月，从京城传来一个不幸的消息：吴兆骞因病去世了，享年五十三岁。

这时距他从宁古塔归来，还不到三年。在这三年里，容若将他一家接入府内，锦衣玉食地供养着，可吴兆骞骤然从苦寒之地回到京城，居然不适应这里的气候了，没过多久就疾病缠身。令人意想不到的是，去世之时，他所遗憾的，竟然是不能再"钓松江鱼、射长白雉"。

听闻吴兆骞的死讯后，容若十分难过，提前向康熙告假，于十一月就返回了京城，亲自为吴兆骞操办丧事，并出资将他的灵柩运回老家吴江。

后来人们形容容若对吴兆骞的帮助，往往会用到"生馆死殡"这个词语，意即在世前聘请其为馆师，去世后资助其出殡，是朋友间难得的大义，这件事被传诵为友谊的典范，"生馆死殡"甚至因此成了一个特定的成语。

容若为悼念吴兆骞所写的那篇《祭吴汉槎文》，也成了祭文中的经典之作。在文中，他忆及与吴兆骞的相知相识，"我喜得子，如骖之靳，花间草堂，月夕霜辰"，花间草堂，是他为顾贞观所构建的茅斋之名，吴兆骞归来后，他们常一同在此对月吟和。对于吴兆骞的病逝，他深感痛惜，"自古才人，易夭而贫，黄金突兀，白玉嶙峋"。

"自古才人，易夭而贫"，当他写出这样的句子时，可曾想到，这其中也隐含了他自己的命运。这篇悼文，既是悼念朋友，又何尝不是悼己呢？

容若喜欢结交比自己年长许多的人，如此的话，便不得不承受失去朋友的惨痛。他的朋友中，马云翎不过三十岁就奄奄而卒，吴兆骞从绝塞生还后三年就过世了，那位豪迈词人陈维崧，也已于康熙二十一年（1682）就患头风病离世了。

生离已教人黯然销魂,更何况是死别。容若在年纪轻轻的时候,已经经历了太多的失去与告别。难怪他要在诗中感叹"予生未三十,忧愁居其半。心事如落花,春风吹已断",在旁人看来,他是如此年轻,只有他自己知道,他已经活得有些意兴阑珊了。

这样的容若,还能像年少时那样倾其所有去爱一个人吗?

那天海风涛之人,又是否能以她的柔情,去消尽他胸中的块垒?

向名花美酒拼沉醉

容若是旗籍，沈宛是汉籍，旗汉不得通婚，迫于压力，他无法光明正大地娶她进门，只得在外面置了一处宅子，将她安顿在那儿，不时去和她相会。

他的朋友陈见龙还为此填了一首《风入松》，题目就叫"贺成容若纳妾"：

佳人南国翠蛾眉。桃叶渡江迟，画船双桨逢迎便，细微见高阁帘垂。应是洛川瑶璧，移来海上琼枝。

何人解唱比红儿，错落碎珠玑。宝钗玉臂樗蒲戏，黄金钏，幺凤齐飞。潋滟横波转处，迷离好梦醒时。

从这首词中可以看出，沈宛的才情美貌，并不输于卢氏。卢氏有一对顾盼生辉的剪水双瞳，沈宛也有着类似的潋滟横波。卢氏工音律，能弹古琴；沈宛则擅琵琶、能歌善舞，歌声动听有如"大珠小珠落玉盘"，舞姿轻盈得像花间穿梭的小鸟。

除此之外，她还冰雪聪明，能诗会画，可以说是容若理想中的女子了。对这样一个女子，容若应该是喜爱的，所以他才会不顾父亲的反对,偷偷迎娶了她。平时他公务繁忙,家中也有妻妾,可他一有时间,就会跑到她住的地方去看她,他有一组题为《艳歌》的诗,可能就是为沈宛而写的:

红烛迎人翠袖垂,相逢长在二更时,
情深不向横陈尽,见面消魂去后思。

欢尽三更短梦休,一宵才得半风流。
霜浓月落开帘去,暗触玎玲碧玉钩。

细语回延似属丝,月明书院可相思。
墙头无限新开桂,不为儿家折一枝。

洛神风格丽娟肌,不见卢郎年少时。
无限深情为郎尽,一身才易数篇诗。

他们的见面,常常是在夜深人静时。沈宛的身份,连妾都算不上,只能算个外室,因此他们之间的相晤就像情人幽会,因为那份禁忌感,而显得格外隐秘而珍贵。他常常是夜半来,天明去,如此匆忙,只能拥有半宵风流,但已经足够他在漫长的一天里细细回味。

沈宛的出现,给他几近灰暗的生活抹上了一层华彩。遇见她之后,容若也曾以为找到了可以消解烦恼的温柔乡,在一首《金缕曲》中,他写道:"但有玉人常照眼,向名花、美酒拼沉醉。

天下事，公等在。"照词意来看，他是一心想遁入沈宛的温柔乡里，在名花美酒的相伴中沉醉一生，至于那些令人烦扰的天下之事，就交给衮衮诸公吧。

这话说得潇洒，可熟悉公子的人都知道，他是远远做不到的。容若的痛苦之处就在于，他活得太清醒了，再美的人、再醇的酒也麻醉不了他的神经，他嘴里说着想逃避，事实上，选择的却是直面自己的苦痛，他宁愿清醒地痛苦着，也不愿意麻木地快乐。真正让他沉溺的，不是名花和美酒，而是往事和梦乡。

如果能早早地遇上沈宛，在他的身上还没有背负那么多的东西时，也许他们可以轻轻松松地相爱。可惜的是，他们相遇得太晚了，那组《艳歌》里，他感叹说"不见卢郎年少时"，其中之意尽是相见恨晚的遗憾。相传唐代有一名卢家子弟，年已老才为校书郎，娶了一个年少貌美的妻子崔氏。老夫少妻，崔氏颇有怨言，一次卢生开玩笑让她赋诗咏怀，她立即就口占一绝："不怨卢郎年纪大，不怨卢郎官职卑。自恨妾身生较晚，不及卢郎年少时。"

容若以卢郎自比，是谦虚的说法。他才刚到而立之年，远远称不上老，可他自觉心已苍老，再也没办法像年少时那样浓烈地去爱一个人了。

"自恨妾身生较晚，不及卢郎年少时"，这应该也是沈宛的心声吧。爱情是需要时机的，最理想的，莫过于在对的时间里遇到对的人；最遗憾的则是，在错的时间里遇到了对的人。不是他不好，也不是她不好，他和她，都是很好很好的人，可惜相遇的时间不对，她来晚了一步，他已经花光了所有的力气。

对于有些人来说，爱情仿佛是没有限额的，他们可以无休止地恋爱，每次恋爱都像第一次那样投入。对于另外一些人来说，爱情则是有限额的，他们在用完爱情的额度之后，就再也没有能力去爱另一个人了。毫无疑问，容若属于后者。如果说爱情是一场熊熊大火，他已经被燃烧得只剩下灰烬了，偶尔那灰烬中还有火光闪现，但终究是会冷却下去的。心字成灰，所以才会"醒也无聊，醉也无聊"吧。

他们在一起，加起来不过短短数月。相处到后来，一种深深的无力感逐渐在他们之间弥漫。

这时的容若已接近生命的尾声，对什么都打不起精神，他仅有的一点力气，都用在回忆和思念上了。偶尔不那么悲伤的时候，他也会竭尽所能地对沈宛好，为她修缮居住的地方，给她买来精巧的小玩意儿，陪她饮酒作诗，为她画眉簪花。但更多的时候，他无法控制住自己的情绪，只能放任自己一味伤感。

面对着这样的容若，沈宛也深感无力。她的无力，在于她发现自己根本给不了容若任何安慰。她为他洗手做羹汤，烹制精美的江南小菜；为他唱曲跳舞，想用她的娇声软语、轻歌曼舞来博他一笑；可最终却绝望地发现，这一切都只是徒劳。他即使是在笑的时候，眼睛里也有着浓得化不开的忧伤，他那样勉强的笑容，只不过是为了敷衍她而已。他有时和她说着话的时候，突然之间就会怔怔出神，不知在想些什么。

"电急流光，天生薄命。有泪如潮。勉为欢谑，到底总无聊。"读到他这样的词，沈宛头一次感到，她也许并不真正了解眼前的这个人，他拥有那么多，为什么却偏偏以"薄命者"自居呢？以前读《饮水词》时，她还不认识他，却觉得他离自己这么近，现在，他成了自己的枕边人,却觉得他离自己那么远。

她无法再假装满足于他偶尔的温存,很多年后,当她回想起和他在一起的时光时,发现自己当时竟是那样不快乐:

雁书蝶梦皆成杳。月户云窗人悄悄。记得画楼东。归骢系月中。

醒来灯未灭。心事和谁说。只有旧罗裳。偷沾泪两行。

——《菩萨蛮·忆旧》

"月上柳梢头,人约黄昏后",在如水的月光下相会,本来是件多么欢乐的事。只恨相聚的时光太过短暂,他总是只能在她居住的画楼稍作停留,就立刻又得转身离开。只留下她一个人,对着孤灯独坐,满腔心事无人可以诉说。泪水悄悄地滴落在罗裳之上,在日复一日的等待中,她一天比一天瘦了。

感情里最怕的就是无能为力,一段感情,如果两个人都倍感无力,最终只能劳燕分飞。

沈宛看似柔婉,骨子里却有种"闻君有两意,故来相决绝"的刚烈。既然得不到她想要的爱情,她宁愿全部舍弃。"枝分连理绝姻缘",能够写出这般词句的女子,对待感情的处理方式定然不会太过拖泥带水。

仅仅在京城待了一个冬天,沈宛就走了,回到了南方的老家。她本是盛开在江南的一株桃花,哪里能适应北地的风沙,理应回到江南与春天相伴。

"无限深情为郎尽,一身才易数篇诗。"李商隐在与柳枝失之交臂后，一口气写下了五首《柳枝》诗。容若在沈宛走后，也写下了几首思念她的诗词，其中就有那首著名的《临江仙·寒柳》：

> 飞絮飞花何处是，层冰积雪摧残。疏疏一树五更寒。爱他明月好，憔悴也相关。
>
> 最是繁丝摇落后，转教人忆春山。湔裙梦断续应难。西风多少恨，吹不散眉弯。

《饮水词》名满天下，不少人却独推这首《临江仙》为全集压卷之作。陈廷焯在《白雨斋词话》中就说，整部纳兰词中，他最爱的就是这首《临江仙》，认为此词言之有物，几令人感动涕零。

"疏疏一树五更寒"，这株被层冰积雪摧残过的寒柳，多么像备经命运折磨的容若。"爱他明月好，憔悴也相关"，这无私普照的皎洁明月，又多么像无私爱过他的女子，哪怕相逢时他已是憔悴支离，她却仍然如明月一样，将清辉照在他身上。

"湔裙梦断应难续"，用的又是柳枝的典故，柳枝曾和李商隐相约，三天后当涉水湔裙来会。容若与沈宛，也像李商隐和柳枝一样，终是有缘无分，落得好梦难续。"西风多少恨，吹不散眉弯"，留给他的，只有空余恨了。

这首词中所指的究竟是何人也是有争议的，但我猜测应该是为沈宛而作，"疏疏一树五更寒。爱他明月好，憔悴也相关"，这样的词句，只可能作于容若生命后期，依他早年的风流俊赏，如果以柳树相比，也不应该是萧疏的寒柳，而是繁茂的春柳。

对于沈宛，他始终抱有一种歉意和怜惜。可歉意代替不了行动，怜惜也不是爱情。沈宛的无限深情，换来的也只不过是容若数首满含歉意的诗词而已。

关于沈宛的下落，找不到任何记载。有人说她在容若身故后，生下了一个遗腹子，取名为富森。容若究竟有几个孩子，一直是个谜，但可以肯定的是，他至少有两个儿子，一个女儿，女儿嫁给了年羹尧之子，两个儿子长子富格（颜氏所生），次子富尔敦（卢氏所生），又名海亮。至于这个遗腹子富森，至少在有关容若的正史中并未记录。

大多数喜爱容若的读者却宁愿相信，确实有这样一个遗腹子存在，仿佛因为他的存在，就能让沈宛和容若之间多一些联系。沈宛，这个不曾得到过纳兰家族承认的女子，却在数百年之后，得到了千千万万纳兰迷的认可。他们和容若一样，是真心怜惜着她的。

第九卷 诀别：人生若只如初见

泪雨零铃终不怨

康熙二十四年（1685）的春天，是个告别的季节。

先是沈宛走了，她离开的时候，正是桃花初开、柳丝渐长的时节。关于离别时的光景，容若在词中写道"记得别伊时，桃花柳万丝"，春光如此美妙，本应是相依相偎、共赏春景的时候，他却只能眼看着她离去，任由青衫湿遍，孤枕独眠。

沈宛走的时候，他并没有过多挽留，因为他知道，他给不了她真正想要的东西，名分和爱情，他都没有办法给她，既然如此，又何必强留她在身边受苦。

尽管如此，当她真正走了之后，他偶尔还是会记挂起她。这个来自江南的女子，回到老家乌程之后，是否已经放下了京城的一切？这首不大为人所知的《遐方怨》，应该就是作于此时：

　　欹角枕，掩红窗。梦到江南伊家，博山沉水香。
　　浣裙归晚坐思量。轻烟笼浅黛，月茫茫。

从"梦到江南"这句可以得知，他想念的人远在江南，江南和京城，隔着重重关山，他唯有在睡梦之中，才能与伊人相会。

可即便是在梦中，他也不敢打扰她宁静的生活，只能看着她静坐在香雾缭绕中若有所思。"轻烟笼浅黛"，梦中的她看上去还是那样不快乐，眉目间笼着烟雾般的淡淡忧愁。

一场错恋，伤害的是两个人。沈宛是带着遗憾走的，留在京城的容若又何尝好过？原本想着能借她的柔情来冲淡自己的忧伤，结果反而让这忧伤变得更浓了，另外还多了份对沈宛的牵挂和歉意。

沈宛离开不久之后的四月，严绳孙也南归了。

和姜宸英等人不同，严绳孙本来就淡泊功名，无意于仕进。"占得红泉与绿芜，不将名字挂通都"，但有山水相悦，何须名题金榜？这才是严绳孙的平生志向。

容若与严绳孙的交情，不亚于他与顾贞观。当严绳孙执意要辞官南归时，他是十分不舍的，一再写诗挽留他：

> 人生何如不相识，君老江南我燕北。
> 何如相逢不相合，更无别恨横胸臆。
> 留君不住我心苦，横门骊歌泪如雨。
> 君行四月草萋萋，柳花桃花半委泥。
> 江流浩淼江月堕，此时君亦应思我。
> 我今落拓何所止，一事无成已如此。
> 平生纵有英雄血，无由一溅荆江水。
> 荆江日落阵云低，横戈跃马今何时。
> 忽忆去年风月夜，与君展卷论王霸。
> 君今偃仰九龙间，吾欲从兹事耕稼。

芙蓉湖上芙蓉花，秋风未落如朝霞。
君如载酒须尽醉，醉来不复思天涯。

——《送荪友》

容若平生最爱呼朋引伴，生性喜聚不喜散，此时却感叹说"人生何如不相识"，这完全是种负气的说法，只因为苦留不住老友，才会像小孩子一样恨恨地说，早知今日一定要分离，倒不如从一开始就不认识还好些，这样的话，至少不会有离愁别恨萦绕在心间了。

"人生何如不相识"，真是句孩子话啊，天真如容若，赤诚如容若，如果再让他选择一千遍、一万遍，他也是愿意和这些好朋友相识相知的吧。哪怕最后的结局是分离，哪怕终不免聚少离多，他又哪舍得不给自己一个开始的机会。

他真正害怕的，是"君老江南我燕北"，从此关山阻隔，再难相见。严绳孙告辞的时候，容若的身体已经很虚弱了，但他还是强撑着为老友治酒送行，他可能早已预感到，这一别之后，就不知道是否还有再见的机会了。

严绳孙南归之后，住在无锡的藕荡桥边、西洋溪畔，门前有荷花千株，一泓清溪，他自号"藕荡渔人"，闲来钓钓鱼、画画山水，日子过得惬意自在。

他回乡后，容若恋恋不舍，多次寄词给他，羡慕他优游从容的生活之余，还不忘和老友开个玩笑，笑嘱他"画眉闲了画芙蓉"，为娇妻画眉之余，可别忘了画画门前的芙蓉花。

词写得活泼轻快，填词者的心情却未必有这么轻松。对于严

第九卷 诀别：人生若只如初见

绳孙的归隐，容若是很羡慕的，但羡慕归羡慕，他知道必须安守自己的本分——保家亢宗、光大门楣的本分。这个时候，他和父亲明珠之间的分歧已经越来越大了，有次他想为朋友姜宸英谋个职位，去父亲那儿说项不成，只得让姜宸英去求明珠手下的奴仆安三，可见父亲对他的信任，竟然还不如一个奴仆。就算如此，生性至孝的他还是不得不小心翼翼地去满足父亲对自己的期待，去履行应尽的职责。

人是矛盾的综合体，容若身上的矛盾性尤为突出。他终日在皇帝跟前侍奉，向往的却是笑傲江湖的闲适生活；身在高门广厦，却常有山泽鱼鸟之思；厌恶仕宦，工作起来却比谁都谨慎认真；生性多情，却又常常自悔情多。个性与职责、理想与现实之间的矛盾始终在他身上难以调和。

纳兰容若，就是一束矛盾。他身上的矛盾越尖锐，所背负的痛苦也就越深重，最后终于不堪负荷。

这一年，他才刚过而立之年，就已经经历了太多的生离死别。所爱的女子一个个离他而去，知交也早已半零落，正是见惯了人间离别，他才会写出那首经典的《木兰花令·拟古决绝词》吧：

> 人生若只如初见，何事秋风悲画扇。等闲变却故人心，却道故人心易变。
>
> 骊山语罢清宵半，泪雨零铃终不怨。何如薄幸锦衣郎，比翼连枝当日愿。

纳兰词中多警句，很多词中都有名句传世，但若论流传之广、感染力之强，莫过于这句"人生若只如初见"了。乐莫乐兮新相知，若所有的感情，都能停留在初见的那一刻该有多好。

三十岁，对于其他人来说可能还只是人生的中段，对于体弱多病的容若来说，却已经临近了他人生的终点。站在终点往回望，每次初见都是那样令人怀念：

十四岁那年的初见，他是初知钟情的少年郎，她是娇俏明朗的小表妹。落花时节初次见她，满脑子都是她那流转的眼波。郎骑竹马来，绕床弄青梅，一对昵昵小儿女，只知道整天你侬我侬，两小无猜，谁能想到后来竟风波乍起，翻成离恨呢？

二十岁那年的初见，他是风华正茂的世家子，她是绮年玉貌的大家女。金风玉露一相逢，便胜却人间无数，当他揭开她头上那层红盖头的时候，就已经许下心愿，定要执子之手，与子偕老。可世上的事，哪里能由得了他做主呢？云雨巫山，最终只是枉断肠而已。

二十二岁那年的初见，他是意气风发的新科进士，他（顾贞观）是潦倒江湖的失意才子。只因为两阕《金缕曲》，他们就拜倒在彼此的才华之下，并相约以五年为期，去营救那被放逐在冰天雪地之中的薄命才子。

二十九岁那年的初见，他是多愁多病的北地倦客，她是倾国倾城的南国胭脂。酒席宴会之上，她的眼光独独停留在他身上，"满堂兮美人，忽独与余目成"，那时就认定了，就是她了，可短短数月之间，早已将缠绵换成了怅恨；

……

人世间的感情，不管是浓烈如爱情、隽永如友情，还是平淡如亲情,都不会一成不变。唯有变化才是永恒,唯有无常才是永恒。多少以相亲相爱开始的故事,最终却以相离相弃结束。若人生能停留在初相见时的那种怦然心动该有多好!这样的愿望,当然是虚幻的,可正因为虚幻,才让人无比憧憬。

"骊山语罢清宵半,泪雨零铃终不怨",用的是唐明皇和杨玉环的典故。还记得那年七夕,爱妻尚在人世,他们效仿当年的唐明皇和杨玉环,以金钗钿盒为信,定下了"愿生生世世同为夫妇"的约定。钗钿约,竟抛弃,妻子无意中提出的那个问题却一直萦绕在他的脑海中:杨玉环被赐死时,究竟有没有怨过唐明皇?

这么多年过去了,他终于有了自己的答案,那就是"终不怨"。史书上记载,杨玉环在马嵬坡前,自知必死无疑,在临死之前,她对着唐明皇盈盈拜倒,平静地说了一句话:"妾诚负国恩,死无恨矣。"

情到深处无怨尤。真正爱过的人,即使最后必须做决绝之别,心中也并无怨恨。杨玉环是这样,容若也是这样,他相信他爱过的那些人一定亦是这样。

"终不怨",他几乎用了半生的时间,才参透这平平淡淡的三个字。只有深爱过的人才知道,这三个字的背后,蕴含着多么深的体谅,以及多么大的慈悲。因为爱过,所以慈悲,所以才会无怨无悔。

这首词,因用到了班婕妤和杨玉环的典故,常被人认为是容若写给他心爱的女子的。其实在最早的版本中,"拟古决绝词"后面还有"柬友"两个字,由此可知,这首词很有可能是写给顾贞观等好友的。

联系到容若的病情，我们也可以把这首词，看成他的一首"诀别词"。也许是预感到自己时日无多，他特意写了这样一阕词，用来与好友、与往事、与这个他深深爱过也深深厌弃过的世界相诀别。

敏感如他，曾被这个世界伤害到体无完肤，可等到真正要告别的时候，他才发现，这个世界待他并不薄，至少，它赐予过他那么多美妙的体验，最初那一刹那的心动，便足以抵消日后漫长的磨难。

"人生若只如初见"，只不知，如果江南的沈宛也看到了这首词，她是不是也像词中的杨玉环一样，能够心平气和地说出"终不怨"三个字呢？

质本洁来还洁去

严绳孙南归的时候，容若的身体已经不大好了，在送别好友的一首诗里，他写道："可怜暮春候，病中别故人。"可见在三四月间，他已经患病了，不过容若一向多病，对于这场病，连他自己也没怎么放在心上，还特意在病中抽空给广东的梁佩兰去了一封信，邀请他北上一起编撰词集。

梁佩兰，字芝五，号药亭，广东南海县人，晚年才中进士，和容若相识时只不过是一布衣而已。梁佩兰以才学闻名于世，所作诗词雄奇光怪，如天风怒号，海水飞立。容若相当佩服这位前辈，所以才会专门去信请他北上。

在这封题名为《与梁药亭书》的信里，容若谈到了自己对花间集的钟情：

> 仆少知操觚即爱《花间集》致语，以其言情入微，且音调铿锵、自然协律。唐诗非不整齐工丽，然置之红牙银拨间，未免病其板折矣。

《花间集》可以说是容若一生至爱了，从学填词的时候他就开始学习花间集的风格,因为那些词言情细致入微,而且音调铿锵、自然协律,唐诗与其相比都未免刻板了一点。他的《侧帽词》《饮水词》清丽凄婉,确实得到了花间集的精髓。

正因偏爱花间集,他才对历代词家的选本都不大满意:

> 从来苦无善选,惟《花间集》与《中兴绝妙词》差能蕴藉。自《草堂》《词统》诸选出,为世脍炙,便陈陈相因,不意铜仙金掌中竟有尘羹涂饭,而俗人动以当行本色诩之,能不齿冷哉!
>
> 近得朱锡鬯《词综》一选,可称善本。闻锡鬯所收词集,凡百六十余种,网罗之博、鉴别之精,真不易及。然愚意以为,吾人选书不必务博,专取精诣杰出之彦,尽其所长,使其精神风致涌现于楮墨之间。每选一家,虽多取至代至伯无厌,其余诸家,不妨竟以黄茅白苇,概从芟薙。青琐绿疏间,粉黛三千,然得飞燕玉环,其余颜色如土矣。

由此可看出,容若对词集的编撰,是贵精而不贵博。对于好友朱彝尊所编的《词综》,他虽赞扬了该书网罗之博、鉴别之精,难以企及,但又认为,编选词集不必太过在意广博,关键在于入选的都是佳作。好的词家,可以不限数量多选;一般的词家,选入代表作就可以了。

> 天下惟物之尤者,断不可放过耳。江瑶柱入口,而复咀嚼鲍鱼、马肝,有何味哉?仆意欲有选如北宋之周清真、苏

子瞻、晏叔原、张子野、柳耆卿、秦少游、贺方回,南宋之姜尧章、辛幼安、史邦卿、高宾王、程钜夫、陆务观、吴君持、王圣与、张叔夏诸人,多取其词,汇为一集,馀则取其词之至妙者附之,不必人人有见也。

可见,在容若的心中,北宋的周邦彦、苏轼、晏几道、张先、柳永、秦观、贺铸,南宋的姜夔、辛弃疾、史达祖、高观国、陆游、张炎等人,才称得上是名家。为了完成这部词集,他对回到广东的梁佩兰发出了诚挚的邀请:

不知足下乐与我同事否?有暇及此否?处雀喧鸠闹之场,而肯为此冷淡生活,亦韵事也。望之,望之。

不知梁先生可否与我一起共事?在这个浮躁喧闹的京城,能够不为人知地编选这样一本词集,也算是一件风雅韵事了。

这封信,倒与王维写给好友裴迪的信有异曲同工之妙,"非子天机清妙者,岂能以此不急之务相邀,然是中有深趣矣"。容若和王维一样,也深知梁佩兰是个"天机清妙者",才能以此不急之务相邀,这其中的乐趣,又岂是那些俗人能够领会的。编一部绝妙好词,是容若一直以来的心愿,他相信,梁佩兰一定也会明白他的志趣。

梁佩兰果然没有辜负他的期望,很快就整装赴京了。到了北京,他就住在纳兰府内,对于容若的盛情招待,他日后在为好友写的祭文中仍念念不忘:"此来见公,欢倍于前,留我朱邸,以风以雅。

更筑闲馆,渌水之下。"

此时容若的身体,已是一天比一天虚弱了,可他还是强打起精神,与好友们诗酒相和。就在这一年的五月二十二日,渌水亭畔的夜合花开了,他特意召集梁佩兰、顾贞观、姜宸英、朱彝尊等一群朋友,在亭前举行宴会。

夜合花,就是常见的马缨花,还有个好听的名字叫作"合欢花"。此花往往清晨开放,晚上闭合,故名夜合花。夜合是种很美的花,盛开时粉红色的花累累如马缨,有种"惆怅旧欢如梦"的情调。

渌水亭畔的这两株夜合,恰好也到了它的花期,绽放了一树浅粉色的小花,到了傍晚时分,那花气被暑热一蒸,尤其浓郁。就在这芬芳花香中,容若和朋友们觥筹交错,分题同咏夜合花。这次的同题诗会中,顾贞观是最后一个交卷的,容若为之担忧不已,生怕他最看重的朋友屈居人后。直到读了顾贞观的诗之后,发现他的诗作语调铿然,若有金石之音,在众人之中是翘楚之作,他才喜上眉梢,放下心来。

容若就是这样的一个人,总是把他爱的人放在第一位,不管是朋友还是亲人,至于他自己,倒总是甘于在诗社这样的场合里忝陪末座,不欲与他人争锋。他那天所写的《夜合花》一诗,全诗中规中矩,确实也算不得特别出彩:

阶前双夜合,枝叶敷华荣。
疏密共晴雨,卷舒因晦明。
影随筠箔乱,香杂水沉生。

> 对此能消忿，旋移迎小槛。

据说"合欢蠲忿，萱草忘忧"，是以容若的诗里出现了"对此能消忿"之句，只不知对着这满树如梦似幻的浅粉色花朵，真能消解掉他的满腹愤懑吗？

这首《夜合花》是容若生命中最后的绝唱。那天的聚会之后，可能是受了风寒，也可能是饮多了酒，他的病情骤然加重，很快就一病不起了。

从那天开始，他整整在床上躺了七天七夜。七日里高烧不退，水米不进。发过烧的人都知道，如果吃了退烧药，发一身汗就会好很多，但容若在服药之后，却仍然没有发汗退烧，可见病情之重。

亲友们无不为他的病悬心，连康熙皇帝听闻之后，也特派御医到纳兰府上问诊，还亲手开了处方药派人送过去。

当带着皇帝御赐药品的飞骑来到纳兰府上时，已经来不及了。容若病逝了，年仅三十一岁（虚岁）。在夜合花的花香中，他永远地闭上了双眼。

那一天，正是五月三十日，八年前，他深爱的妻子也是在这一天过世的。可能是上天被容若的痴情所感动，所以才特意安排他们在同一天离世。

惆怅了一辈子、忧伤了一辈子的容若，终于结束了他在人间做客的历程，回到天上与爱人相聚。

对于深爱着容若的人来说，他的猝然离世造成了莫大的伤痛。明珠在儿子离世后，常常对着他住过的房子哭泣，只希望心爱的儿子能够死而复生。老师徐乾学亲自为他撰写墓志铭，说自己所教的学生中,再也没有人能与容若相比。

他的那些知交好友,更是肝肠寸断。在为容若写的祭文中,姜宸英感叹说:"失去了容若这样的朋友,这世上还有谁能容得下我呢?"顾贞观则坚决地表态说:"自今往后,伯牙之琴,终生不复鼓矣。"朋友吴兆宜则悲伤地表示:"如果可以赎回容若的命,我们就算死上一百次也心甘情愿。"

连那些和容若素不相识的人,也赶来为他送葬,为之痛哭流涕。容若啊容若,仅仅活了不到三十一年,居然能有这么多人用眼泪来葬他,也算是不枉此生了。

那么多人为他的英年早逝而遗憾,其实于容若自己,未尝不是一种解脱。这个喧闹功利的世界,终究容不下一个太过纯净的灵魂。

如果他活得更久一点,会亲眼看见父亲明珠和老师徐乾学渐行渐远直至分道扬镳,会看见年长于他的朋友们一个个比他率先离开,会看见曾经如日中天的纳兰家族慢慢衰落,会看见父亲这颗棋子终于被皇帝弃用……这些对于他来说,都是生命中不可承受之重。他的心,早已因妻子去世而碎裂,再也经不起这些磨难。

他本是天上飘来的一片雪花,无意中坠落红尘,我们也许应该庆幸,幸好他离开这个世界的时候,仍然有着一颗晶莹剔透的心,尚未蒙上凡尘。质本洁来还洁去,尘世污浊,只有他做到了干净地来,干净地走,这一点,已经足够让我等凡夫俗子自愧不如了。

他的灵柩被运往皂荚屯,实现了与爱妻"生则同衾,死则同穴"的夙愿。他终于不必再为尘世那些纷纷扰扰而烦恼了,从此以后,他可以陪伴着最爱的人,长眠于地下,再也没有什么能将他们分开。

>   草草繁华过眼身,梦中影里尽非真。
>   如今觅得真香土,永入仙乡出凡尘。

这是扮演黛玉的陈晓旭去世后,红学家冯其庸写来悼念她的诗,用这首诗来祭奠死于华年的容若也再贴切不过了。所谓繁华,对他来说只不过是一场梦而已,只有超脱于这凡尘之上的仙乡香土,才是他理想的归宿吧。

或许,对于容若来说,只要能与他的爱人同在,就是永恒的仙乡。

尾声
纳兰身后事

京城，纳兰府。

深夜，明珠手执一卷词稿，读得泪不能禁。灯光映照在书页之上，赫然正是《饮水词》。

"我是人间惆怅客。"

"而今才道当时错。"

"多愁多病心情恶。"

透过一行行凄婉欲绝的词句，仿佛能看见容若熟悉的脸庞，眉头还是那样微微蹙着。明珠越读越惊心，容若生前，在他面前总是带着一脸温煦的笑容，他从来不知道，原来在儿子的笑脸背后，竟然藏着这么深的伤心。

"我的孩子，你什么都有了，为何却这样不快乐？"明珠的泪水打湿了手中的词稿，那是一个父亲忏悔的眼泪。他后悔没有早早地读到这些词，没有早早地察觉到儿子的心事。作为一个父亲，他曾自以为给了儿子世间的一切，却从来没有想过，那是不是容若想要的。直到儿子去世后，他才从这卷《饮水词》里，对容若有了一种模糊的了解。可惜这了解来得太迟了。

容若在世时，曾预感到世事多变、荣华易衰，也提醒过父亲君心难测、及早谋退。在他去世仅仅三年后，他所预言的事不幸成了真。康熙二十七年（1688），御史郭琇上疏弹劾明珠结党营私、排除异己，康熙震怒，决意不再放任明珠一党坐大，当即罢黜了明珠大学士之位。之后，明珠虽很快就官复原职，但此后的二十年再也没有受过重用。他一直活到康熙四十七年（1708）才去世。

明珠身故后，纳兰一家失去了可供庇护的大树，很快就由盛转衰。容若的三弟揆芳早逝，二弟揆叙因与允禩结纳，在死后仍遭到了雍正夺官削谥的报复，墓碑上也改镌"不忠不孝阴险柔佞揆叙之墓"。容若的儿子们都默默无闻，只有一个叫纳兰瞻岱的孙子，在乾隆朝官至正红旗满洲副都统，可无论如何也无法再现明珠昔年为相时的风光了。

呼啦啦似大厦倾，昏惨惨似灯将尽。上天及时地召回了容若，也许正是不愿意让他看到这大难过后飞鸟各投林的一幕吧。

无锡，惠山桑榆墅内。

自从容若去世后，顾贞观对京城再无留恋，很快就南下归乡。这晚，他做了一个梦，梦到容若翩然来访，还是那样言笑晏晏，还是那样风采出众。在梦里，容若对他说了一句话："文章知己，念不去怀，泡影石光，愿寻息壤。"

当顾贞观还在梦中与容若相会时，一声响亮的儿啼惊醒了他的梦，原来是他的儿媳诞下了一子。顾贞观赶过去看，只见那孩子长得与容若十分相似，顿时大喜过望，知道容若是舍不得自己，才投胎成这孩子来与他相伴。"一日心期千劫在，后身缘、恐结他生里",容若这是来践行他在《金缕曲》中对好友许下的承诺。

只是好景不长。一个月之后,顾贞观又做了一个梦,梦见容若来与他道别。梦醒之后,他得到了一个不好的消息,那面目酷似容若的孩子已经夭折了。

顾贞观怅惘不已,将容若留给他的一幅画像供在无锡惠山贯华阁,时常携一壶清酒来此祭奠好友,可惜这幅画像最终毁于道光年间的一场大火。那时,顾贞观与容若一样,都是"故人"了。

风流词客,一时烟消云散。容若走了,围绕在他身旁的那群词客也各自星散。昔日他们饮酒欢会的渌水亭,不久就池庭冷落、荒草蔓蔓。

唯有他们的词句与故事,还在口口相传,不曾被岁月磨蚀。

北京,察院胡同二十三号。

这是一所幽静的四合院,院子里花木扶疏,种着丁香、海棠,池子里养着金鱼,紫藤架下,一个圆脸蛋儿的少女捧着一卷书,看得那样入神。

"昏鸦尽,小立恨因谁?急雪乍翻香阁絮,轻风吹到胆瓶梅。心字已成灰",她一边看,一边曼声吟诵,从开篇第一首《梦江南》开始,她就被这个词人的作品深深吸引住了。小小年纪的她,已经读过了两宋五代很多名家的词,却从来没有读过如此清新自然的词作。那天然的口吻和哀伤的情调,像是有一个人,代她说出了幽微婉转的许多心事。

看她如此入迷,负责教导她的伯父告诉她,这个名叫纳兰容若的词人,说起来和她还有些渊源呢。他们叶家,原与纳兰同里籍,祖居也在叶赫地，所以才会以"叶"为姓氏。"我与纳兰同里籍。"一种奇妙的亲切感顿时在她心中产生了，她开始以《饮水词》为范本，学着填词。

这位小女孩，由此展开了与诗词一生的缘分，如果你热爱古典文学的话，一定也听过她的名字，她就是终生以推广古诗词为己任的叶嘉莹，被称为最后一个"穿裙子的士"。

她常常说，自己和诗词谈了一辈子的恋爱，而纳兰容若的《饮水词》，正是她为之怦然心动的"初恋"。

距离容若去世已经三百多年了，三百多年里，有无数读者就像少女叶嘉莹一样，为清新浅白、情真意切的纳兰词深深着迷。等到她们读过万卷书以后，对纳兰词还是抱持着特殊的感情，毕竟，那是她们诗词路上邂逅的"初恋"啊！初恋，也许并不完美，却始终难以令人忘怀，因为那是人生中最初的心动。

让我们以怀念初恋的心情，来怀念那个逝于三百多年前的才子吧。只有容若这样的人，才配得上人们的长情。

附录
纳兰容若简明年谱

顺治十一年（1654）

纳兰容若于顺治十一年十二月十二日（公元1655年1月19日）生于北京，父亲为纳兰明珠，母亲爱新觉罗氏（注：顺治十一年跨1654年与1655两年，容若出生时已进入1655年）。

同年（1654）三月，顺治帝第三个儿子玄烨出生，后为康熙帝。

顺治十二年（1655）

纳兰容若一岁，这一年朝廷开始厉行海禁。

顺治十三年（1656）

纳兰容若两岁，郑成功进攻福建、浙江沿海一带。

顺治十四年（1657）

纳兰容若三岁，江南乡试丁酉科场案发。吴三桂任平西大将军。

顺治十五年（1658）

纳兰容若四岁，吴兆骞因科场案被革去举人头衔，流放至宁古塔。

顺治十六年（1659）

纳兰容若五岁,朝廷命吴三桂镇守云南。郑成功攻占镇江。

顺治十七年(1660)

纳兰容若六岁,开始学习骑射。生性聪敏,读书过目不忘。

这一年江浙一带结社成风,朝廷下令严禁结社订盟。

顺治十八年(1661)

纳兰容若七岁,日常仍是骑射读书。

正月,顺治皇帝突然死亡,玄烨即位,改元为康熙,由四大臣辅政。

十二月,吴三桂攻入昆明,朱由榔被俘,明永历政权至此灭亡。

就在本年,明珠改任内务府郎中。

康熙元年(1662)

纳兰容若八岁。

郑成功卒,由其子郑经接管台湾。吴三桂等三藩势力逐渐壮大。

康熙二年(1663)

纳兰容若九岁。

五月爆发"《明史》案",有七十多人受牵连致死,是清军入关以来最严重的一起文字狱。

康熙三年(1664)

纳兰容若十岁。

本年元宵节出现月食,容若因此作了《一斛珠·元夜月蚀》,这是他流传下来的最早一首词。

康熙四年(1665)

纳兰容若十一岁。

卢兴祖由广东巡抚升为广东总督,他的女儿卢氏后来嫁与容若为妻。

康熙五年（1666）

纳兰容若十二岁。

四月，明珠升弘文院学士。

康熙六年（1667）

纳兰容若十三岁。

这一年玄烨开始亲政，朝廷决定修《世祖章皇帝实录》，明珠是纂修实录的负责人之一。

康熙七年（1668）

纳兰容若十四岁，"才舞象勺，已通六艺"，已经具有较高的文学艺术水平，同时精于骑射。

九月，明珠升任刑部尚书。

康熙八年（1669）

纳兰容若十五岁。

康熙设计智擒鳌拜，正式掌握实权。

九月，明珠任都察院左都御史。

康熙九年（1670）

纳兰容若十六岁。

容若未来的老师徐乾学中探花，被授翰林院编修。

康熙十年（1671）

纳兰容若十七岁。

七月，明珠充经筵讲官。十一月，任兵部尚书。

容若入国子监读书，深受国子监祭酒徐元文的赏识，认为他不是等闲之辈，徐元文还将他介绍给了自己的兄长徐乾学。

康熙十一年（1672）

纳兰容若十八岁。

本年容若参加了顺天府乡试，中举人，徐乾学是主试官之一。放榜后，容若到徐乾学处拜谒，正式拜入门下。

韩菼、翁叔元也在此次顺天府乡试里中举，与容若结为同年好友。

康熙十二年（1673）

纳兰容若十九岁。

会试时，容若因寒疾，错过了殿试的机会，他为此倍感遗憾，转而将精力花在了钻研经史上。

在徐乾学的指导和好友们的帮助下，他开始出资编刻《通志堂经解》，同年始撰《渌水亭杂识》。

这一年容若结识了姜宸英，并与朱彝尊有书信来往。

吴三桂本年正式与清廷决裂，叛乱持续了好几年，史称"三藩之乱"。

康熙十三年（1674）

纳兰容若二十岁，迎娶了十八岁的卢氏。

年初，朱彝尊亲自到纳兰府邸拜访容若，两人相谈甚欢。

广西知县刘钦邻死于吴三桂的叛乱，容若写了《挽刘富川》一诗。

容若的二弟揆叙出生，他对两个幼弟都颇为友爱，徐乾学说他"与之嬉游，同其嗜好"。

康熙十四年（1675）

纳兰容若二十一岁。

明珠调任吏部尚书。

容若侧室颜氏生长子富格。

康熙立皇子保成为太子,为避太子讳,成德改名为性德,这一年,他认识了严绳孙。

康熙十五年(1676)

纳兰容若二十二岁。

本年顺利参加殿试,中二甲第七名。

《通志堂经解》刊刻完成,容若的第一部词集《侧帽词》也于本年面世。

与顾贞观一见如故,彼此以《金缕曲》相答和,并合编了《今初词集》。容若见到顾贞观写给吴兆骞的两首《金缕曲》后,为之泣下,答应设法营救吴兆骞,并允诺以五年为期。

康熙十六年(1677)

纳兰容若二十三岁,始任三等侍卫。

五月,爱妻卢氏因难产去世,留下一子名富尔敦,容若此后多悼亡之词。

七月,明珠被任命为武英殿大学士,人多以"明相"称之。

这年顾贞观因母丧南下,容若委托他编刊《饮水词》。

康熙十七年(1678)

纳兰容若二十四岁。

这年,容若多次跟随康熙到巩华城、南苑、汤泉等一带出巡,并作有《菩萨蛮》等词。

正月,康熙下诏开"博学鸿儒科",朱彝尊、陈维崧等名士应召入京。

闰三月，顾贞观编定《饮水词》，并请吴绮为之作序。

七月，卢氏灵柩入葬皂荚屯。

八月，吴三桂于衡州称帝后旋即病亡，三藩大势已去。

康熙十八年（1679）

纳兰容若二十五岁。

二月，随康熙到保定一带打猎，写了《雄县观鱼》等诗词。

这年春天，博学鸿儒科举行会试，朱彝尊、陈维崧、严绳孙等人均榜上有名，参与修《明史》，姜宸英不幸落榜。

容若经常与朋友们在渌水亭宴集，还曾一起到京郊游玩。

康熙十九年（1680）

纳兰容若二十六岁。

卢氏去世已三年，容若于本年续娶清初名将图赖之孙女——官氏。

本年，容若多次跟随康熙帝到南苑、昌平等地方游览巡视。

康熙二十年（1681）

纳兰容若二十七岁，仍然多次随康熙出巡。

十月，清兵攻入昆明，为期八年的三藩之乱终于平息。

这年冬天，吴兆骞从宁古塔抵京，恰好应了五年之期。容若特意请他教幼弟读书，并为他安顿家人。

康熙二十一年（1682）

纳兰容若二十八岁。

明珠被任命为太子太傅，再升为太子太师。

三月，容若升二等侍卫，随康熙东出山海关，并到长白山祭祀。八月，奉命与副都统郎坦等远赴梭龙，收集战报，十二月方返京。

康熙二十二年（1683）

纳兰容若二十九岁。

二月，随康熙至五台山一带巡视。六月，又随康熙到古北口游览。康熙对容若颇为重用，于本年亲自写了贾至的《早朝》一诗，赐给容若。

这一年，郑经之子郑克塽降清，台湾成功收复。

康熙二十三年（1684）

纳兰容若三十岁。

五月，康熙再次前往古北口，容若也在扈从之中。

九月，随康熙南巡，这是容若第一次也是唯一一次的江南之行，他在金陵与曹寅相会，在无锡与顾贞观会晤，留下了一组《梦江南》，均以"江南好"开首。

十月，得知吴兆骞病逝，容若十分悲痛，出资出力为他料理了后事。

年底，在京城纳沈宛为外室。

康熙二十四年（1685）

纳兰容若三十一岁（虚岁，按实际年龄算未满三十一岁）。

年初，沈宛离开京城回到浙江乌程，容若在春天晋升为一等侍卫。

四月，严绳孙辞官南归，容若依依不舍，赋有《送荪友》等多首赠别诗词。

五月二十二日，渌水亭畔夜合花开，容若与顾贞观、姜宸英、梁佩兰等好友相聚作诗，赋有绝笔《夜合花》一首。

五月三十日，容若因七日不汗而卒，葬于京郊皂荚屯。